电力企业
QC活动推进指引

刘昌 庞圣玉 等 编著

中国水利水电出版社
www.waterpub.com.cn
·北京·

内 容 提 要

本书聚焦电力企业 QC 活动，旨在为电力行业提供全面且实用的活动推进指南。书中深入阐述了电力企业开展 QC 活动的背景与意义。同时，针对 QC 活动存在的常见误区进行剖析，引导企业和员工正确认识 QC 活动。在 QC 活动体系搭建方面，详细介绍了活动策划、实施推进、总结验收、成果输出和人才培养等关键环节。此外，本书选取电力行业问题解决型和创新型两类典型课题案例进行解读，深入分析每个步骤的要点、常见问题及注意事项，并介绍常用 QC 工具的正确使用方法和错误案例。

本书适合电力企业各级管理人员、企业管理专业人员、基层员工，尤其是参与 QC 活动的人员阅读。

图书在版编目（CIP）数据

电力企业QC活动推进指引 / 刘昌等编著. -- 北京：中国水利水电出版社, 2025. 6. -- ISBN 978-7-5226-3459-3

I. F426.61

中国国家版本馆CIP数据核字第20250JB189号

书　　名	**电力企业 QC 活动推进指引** DIANLI QIYE QC HUODONG TUIJIN ZHIYIN
作　　者	刘　昌　庞圣玉　等 编著
出版发行	中国水利水电出版社 （北京市海淀区玉渊潭南路1号D座　100038） 网址：www.waterpub.com.cn E-mail: sales@mwr.gov.cn 电话：(010) 68545888 （营销中心）
经　　售	北京科水图书销售有限公司 电话：(010) 68545874、63202643 全国各地新华书店和相关出版物销售网点
排　　版	中国水利水电出版社微机排版中心
印　　刷	天津嘉恒印务有限公司
规　　格	170mm×240mm　16 开本　9.25 印张　156 千字
版　　次	2025 年 6 月第 1 版　2025 年 6 月第 1 次印刷
印　　数	0001—3000 册
定　　价	**86.00 元**

凡购买我社图书，如有缺页、倒页、脱页的，本社营销中心负责调换

版权所有·侵权必究

本书编委会

主　　编：刘　昌　庞圣玉
副 主 编：雷　兵　张大兴　蔡冰子
参编人员：彭玮麟　黄小强　田明明　郭旭为　王祥东
　　　　　黄立秋　赖晓理　幸可妍　戴广平　林成森
　　　　　林夏捷　王凯宇　陈洛奇　赖晓峰　褚正超
　　　　　李心如

序 PREFACE

能源电力是经济社会发展的基石。党的十八大以来，习近平总书记提出"四个革命、一个合作"能源安全新战略，系统性部署加快规划建设新型能源体系、构建新型电力系统等一系列重大战略任务，为新时代能源电力高质量发展指明了前进方向、提供了根本遵循。电力企业为适应新形势新变革，增强能源电力自主保障能力，把能源饭碗牢牢端在自己手中，从各个方面进行了深入探索，而质量管理小组活动则是当中重要的一环。

我们编写《电力企业 QC 活动推进指引》一书，正是希望分享基层原创的质量管理平台建设经验，输出端正务实的质量管理理念，为员工搭建一个施展才华、展现自我、解决实际问题的基层创新平台、赋能平台。同时，希望通过积极开展质量管理小组活动，在企业内部牢固树立质量意识，不断改进和提高管理质量、工作质量、服务质量，切实提高企业竞争力。

本书深入探讨了如何通过建立和完善质量管理小组活动，推动电力企业在生产运营、客户服务、技术创新等多方面的持续改进，并详细介绍了完善质量管理活动机制、优化课题项目管理、全人才要素组建质量管理团队等关键举措的落地方式，展示了基层实际工作的应用成效，具有很强的参考价值和实践意义。

愿与电力行业全体同仁一起，为推动能源领域高质量发展作出新的更大贡献。

谨此为序。

2024 年 11 月

前言
FOREWORD

  质量管理（quality control，QC）活动，是电力行业基层员工广泛参与的一项活动，质量管理小组活动所体现的基于问题、分析症结、制定对策、闭环管控管理理念，也是基层员工使用的最直接、最易于理解的问题解决路径。

  本书共分为三章。第一章介绍了 QC 活动的背景与意义；第二章从活动的五个要素维度出发，详细介绍了如何搭建一个高效的 QC 活动体系；第三章立足电力企业实际情况，选取了两个具有代表性的活动课题进行深入探讨，结合各个环节分析描述了错误案例和正确案例，所有示例均采用了电力行业的设备、生产、营销、配电、变电、输电等技术领域，目的是从电力企业三、四级单位的视角回答"如何推进 QC 活动"这个问题。

  受编著者水平所限，虽然组织团队成员对内容进行了多次审阅和推敲，但仍可能存在疏漏与不妥之处，恳请读者批评指正。

编者

2024 年 1 月

目录

序

前言

第一章　QC活动的背景与意义 ·················· 1
　第一节　活动背景 ·························· 3
　第二节　活动意义 ·························· 4
　第三节　QC活动的常见误区 ···················· 5

第二章　QC活动体系搭建 ······················ 9
　第一节　活动策划 ·························· 11
　第二节　实施推进 ·························· 15
　第三节　总结验收 ·························· 22
　第四节　成果输出 ·························· 31
　第五节　人才培养 ·························· 37

第三章　QC活动技能提升 ······················ 49
　第一节　问题解决型课题案例及解读——缩短户外刀闸检修维护
　　　　　安措执行时间 ······················ 51

第二节　创新型课题案例及解读——研制无线遥控式电流互感器
　　　　极性测试仪 ………………………………………………… 83
第三节　QC 常用工具介绍 ………………………………………… 116

参考文献 …………………………………………………………… 136

第一章 QC活动的背景与意义

第一节 活 动 背 景

  2023年2月，中共中央、国务院印发了《质量强国建设纲要》，该纲要的印发为基层质量管理业务提供了新的发展方向，同时也在完善质量管理顶层设计、建立各级质量管理组织、构建质量统计指标体系、增强经营发展韧性、打造质量管理标杆、培育质量管理人才方面，带来了新的启发。"质量强国"已经成为国家战略层面的重要组成部分。这一理念强调的是通过全面提升国内各行业的产品和服务质量来增强国家的整体实力。高质量的发展不仅能够满足人民群众日益增长的美好生活需求，也是提高国际竞争力的关键所在。因此，从制造业到服务业，从日常生活用品到高科技产品，每一个环节都需要严格把控质量，确保消费者能够享受到优质的产品和服务。

  2014年6月，中央财经领导小组会议上，提出了"四个革命、一个合作"的能源安全战略，新型能源体系的概念随之逐渐清晰。作为新型能源体系的重要组成部分，我国电力企业积极投身于新型电力系统的建设热潮。2023年6月，由国家能源局组织编写的《新型电力系统发展蓝皮书》发布，明确新型电力系统建设要以确保能源电力安全为基本前提，以满足经济社会高质量发展的电力需求为首要目标。对电力企业而言，"质量强企"是实现可持续发展的重要基石。随着全球化竞争的加剧，企业在提升自身的核心竞争力方面面临着越来越大的压力。这不仅意味着要采用先进的生产技术和管理方法，更重要的是要建立和完善一套科学合理的质量管理体系。企业需要将质量意识融入企业文化之中，使质量成为全体员工共同追求的目标，只有这样，才能在激烈的市场竞争中立于不败之地，同时为国家的整体质量水平提升做出贡献。

  为了更好地落实"质量强企"的战略目标，电力企业积极组织QC小组进行QC活动。这些小组通常由来自不同部门的一线员工组成，他们以问题为导向，运用统计工具和质量管理方法，对生产过程中的各种问题进行深入分析，并提出改进措施。这种自下而上的改进方式，不仅增强了员工的问题解决能力和团队协作精神，还促进了企业内部知识的积累与分享，进而提升了整个组织的质量管理水平。通过这样的活动，企业不仅能够有效控制成本、提高效率，还能持续优化产品和服务，最终实现企业的长期发展目标。

第二节 活 动 意 义

　　QC活动是质量管理体系的重要一环。我国的电力企业按照功能和业务范围大致可以分为电网企业、发电企业、设备制造企业、工程承包和服务企业以及新能源企业，QC活动作为电力企业广泛采用的基层创新平台，其参与者是来自企业各个线条各个专业的员工，活动针对的课题，是员工在日常QC工作中遇到的难点、堵点。员工在QC活动中自发组成的活动团队，被称之为QC小组，QC小组以改进质量、降低消耗、提高人的素质和经济效益为目的，运用质量管理的理论和方法开展活动。电力企业员工参与QC活动对于企业的发展具有重要的意义。

　　（1）提升产品质量和服务水平。QC活动的核心在于发现问题、分析原因并提出改进措施。电力企业通过QC活动可以不断地识别和改进设备维护、电力供应过程中的不足之处，确保电力供应的稳定性和可靠性，提高整体服务质量。

　　（2）增强员工的责任感和归属感。QC活动鼓励员工积极参与到质量改进的过程中，这种参与感能够让员工感受到自己对企业的重要性，从而增强他们对工作的责任感和对企业的归属感。员工的积极参与同样会促进团队协作，提高团队的整体效能。

　　（3）促进技术进步和创新。在QC活动中，员工需要运用各种质量管理工具和技术来解决问题，这不仅能够提高员工的专业技能，还能激发他们的创新思维。在解决实际问题的过程中，往往会诞生新的技术应用或工作方法，推动企业技术进步。

　　（4）优化管理流程。通过QC活动，企业可以发现管理中存在的漏洞和不合理的地方，并通过改进流程来提高管理效率，包括简化作业流程、形成标准化作业指导书、提高信息传递效率等，最终达到提升整体管理水平的目的。

　　（5）提高客户满意度。电力企业的最终目标之一就是满足客户需求。通过QC活动，企业可以更准确地掌握客户的真实需求，及时调整服务策略，提高客户满意度。高质量的服务和产品能够为企业赢得良好的口碑，增加客户黏性。

（6）节约成本，提高效益。QC活动强调预防为主，通过早期发现并解决问题可以避免后续出现更大的损失。通过对设备维护、生产流程等方面的优化，企业能够减少浪费，节约成本，提高经济效益。

（7）培养人才，提升团队能力。QC活动是一个很好的学习平台，员工在这个过程中不仅可以学到质量管理的知识，还能锻炼团队合作能力、沟通协调等方面的能力。企业可以通过这种方式培养一批具备质量管理意识和技术能力的人才队伍。

（8）建立持续改进的企业文化。QC活动提倡"持续改进"，这种理念有助于企业在面临市场变化时能够快速响应。持续改进不仅限于产品质量，还涉及企业管理、客户服务等多个方面，有助于企业形成积极进取的企业文化。

第三节　QC活动的常见误区

从电力企业QC小组取得的成效来看，经过持续发展，已形成了相对规范、相对成熟的QC活动模式。在流程架构方面，制定了系统、规范的管理制度。企业通过QC小组这一载体，进一步保证与助推了QC活动的深入、健康发展。但也有部分企业或员工，因尚未开展QC活动或因采用的方法、流程不对，对QC活动的认识存在一些误区，包括认为QC活动只是走形式、QC活动无实效、QC活动可以从结果倒推等，这些错误的认识给QC活动的广泛开展带来很大阻碍，因此必须得以纠正，才能实现QC活动的真正价值。

一、误区一：QC活动可有可无

QC活动的特点之一就是自主性，它很容易让小组成员和企业基层开展部门在认识上产生误解，认为QC活动只是为了完成上级下达的一个不太重要的指标，活动可有可无。部分人之所以会产生这种错误认识，是因为接触QC活动较少或没开展过QC活动，对整个QC活动的宗旨、流程、成效认识不清，主观上认为QC活动的必要性不强。实际上通过QC活动规范、科学地开展，有利于开发智力资源，打造工匠精神，发挥人的潜能；有利于改进质量、提高管理水平；有助于提高员工的科学思维能力、组织协调能力、分析与解决问题的能力，为组织培养优秀人才。因此QC活动是一种经过反复实践、逻辑清晰、成效显著的科学管理活动，它的存在对企业的全面发展和进步具有重要意义。

二、误区二：QC活动只是走形式

这种认识上的误区广泛存在于一些基层人员心中，甚至少数企业的管理人员也有这样的看法，认为QC活动必须按PDCA（计划plan、执行do、检查check、行动act）循环步骤进行，发表成果时搞同一模式，形式僵化，缺乏灵活性，认为QC活动只是走形式而无实效，是一种额外的负担。造成这一误区的主要原因在于没有正确全面地理解质量管理的意义，没有把质量管理作为一项现代化的管理手段加以应用，通过开展全企业、全过程、全员的QC活动来提高企业生产效率、产品质量、人员素质。没有将QC活动与日常的工作结合起来，从日常工作中发现问题、解决问题、改进质量，而是将QC活动孤立地看成一项不得已而为之的评比检查。同时，一些负责QC工作管理者的工作方式也是造成这种误区的原因之一，这些管理者自身未能充分理解开展QC活动的意义和方法，将QC活动看成是简单的"记录检查＋报告编制＋发布评比"，采用检查施压考核的手段开展企业的QC工作，而不是重实效、干实事，协助QC小组开展活动，从而造成了基层对QC工作的不理解。QC工作不是形式主义、额外任务，而是要立足于企业实际，通过科学的管理方法，达到提高企业生产效率、产品质量和人员素质的目的。

三、误区三：QC活动可以先完成结果再反推过程

部分小组在开展QC活动时，为了省事方便，不按照科学的流程开展活动，选择进行成果倒装，把已结题的项目成果，重新申报QC课题，重新编写活动记录和QC成果。原始记录不完善，缺乏有用的数据，导致QC成果报告与实际活动情况不一致，收集数据不够真实、不够全面，最终的结果就是QC活动只有报告但无法产生实际性效益，也浪费了组员大量的时间精力。QC活动是一套科学严谨、逻辑紧密地解决问题、实现创新的方法和系统。成果报告的各个部分和PDCA四个阶段互相呼应，起着提纲挈领的作用。QC活动的各个流程之间有很强的逻辑联系，按QC活动的程序进行活动和总结的成果，能够一步一步引导大家开拓思路、处理问题、带来效益。因此不能本末倒置、从结果倒推过程，否则最终只会失去了开展QC活动的初衷

和意义。

四、误区四：QC 活动只是个别人的事情

一个优秀的 QC 小组应该是全员参与，各司其职。然而，有的小组活动开展过程中存在由组长或某一组员一人独揽的现象，只有组内一人在开展活动，其他组员参与度不高，开展活动的记录和 QC 成果报告都是由一人撰写，甚至出现东拼西凑完成成果报告的应付现象，使得小组活动仅流于形式，难以体现 QC 活动的宗旨与积极意义，更谈不上实现提质增效。实际上 QC 小组的成员应尽可能多元化，因为 QC 小组需要多方面的知识与技能；而且 QC 小组的每一位成员都是极其重要的，都应为 QC 活动的开展出谋划策，贡献力量。QC 活动的开展经常用到"头脑风暴法"，需要小组全部成员"各抒己见，互相启发，集思广益"，这样才能碰撞出"智慧的火花"，才能顺利完成 QC 活动全过程。

因此我们应该正确认识 QC 活动开展的意义，认真学习活动流程，消除对 QC 活动的认识误区。通过 QC 活动的规范开展，有效地提升员工素质，激发了员工的积极性与创造力，推动企业改善质量、降低消耗、提升绩效，帮助企业真正实现质量变革、效率变革和动力变革。

总之，电力企业员工积极参与 QC 活动，对于提高产品质量、优化管理流程、提升员工素质、增强企业竞争力等方面都有着非常重要的意义。通过 QC 活动，电力企业能够更好地适应市场变化，满足客户多样化的需求，实现可持续发展。

同时，也要认识到电力企业在坚持以"小、实、活、新"❶为 QC 活动基本原则的基础上，要适应新形势的发展变化，主动融入和服务新型能源体系和新型电力系统的建设，找准 QC 活动与企业、社会发展的结合点，创造性地拓展活动课题与活动领域，使 QC 活动在质量管理提升中发挥更大的作用。高效地 QC 活动推进模式既能充分发掘质量管理成果，又能营造良好的活动氛围，进一步实现成果和人才的持续良性输出，使 QC 活动更加科学、严谨、有效。

---

❶ "小、实、活、新"是 QC 活动的重要原则，具体为："小"指的是选题要小而精；"实"指的是意味着内容实际、务实；"活"指的是活动形式灵活多样；"新"指的是强调创新。

第二章 QC活动体系搭建

QC活动推进过程中，要坚持目标导向和问题导向，坚持全面质量管理理念，全面落实QC活动资源，明确活动指引，从"人机料法环"的维度，系统分析QC活动的关键——路径、载体、人才，实现整个活动过程的顺利推进，健全"质量强企"——顶层设计，大力推动质量领域的技术创新和管理创新，深化全面质量管理，着力丰富优质的产品、工程、服务供给，提升企业的核心竞争力。

第一节　活　动　策　划

一、全年计划要清晰明确

为使企业的QC活动有效务实地推进，企业QC活动管理部门应对上一年度QC活动情况进行总结和分析，并结合企业本年度的经营方针、预期目标、现状问题，主动组织修编本年度QC活动的推进方案（又称活动计划），循序渐进地推进企业QC活动更加广泛深入、健康持久地发展。在制定全年活动计划和组织相关宣贯过程中，要注意以下几个方面。

1. 开好局

管理部门应提前做好全面规划。企业QC活动管理部门应根据QC活动的规范标准、本企业制定的QC活动作业指导书、本年度QC活动的考试计划和比赛计划等，结合过往年份开展QC活动的经验及问题，提前做好QC活动的整体规划，为新一年的QC活动开好局。

2. 引方向

宣贯端正务实的QC理念。结合年度QC活动启动会，明确"QC活动是开展全面质量工作的重要载体和有效手段，PDCA要贯穿于企业经营的各个环节"的管理意识。QC活动围绕企业的经营战略、愿景目标、现状问题和专业发展方向，目的是改进质量、降低损耗、提高效益、提升员工素质，企业QC活动管理部门要通过活动计划引导员工树立正确的QC观，拒绝"为了QC而QC"，牢记QC成果不宜过度包装，不应仅以比赛成绩论活动成效。

3. 弃陋习

摒弃年底突击做QC的坏习惯。明确年度QC活动计划，QC活动的实施

第二章　QC活动体系搭建

要按照PDCA原则顺序进行。在活动开始阶段，通过学习、会议、交流、实践、验证等活动形式，逐步积累活动成果；在实际推动过程中，企业QC活动管理部门要通过活动计划对关键节点做好把关，鼓励大家尽早布局课题，主动实施，积极积累，不在年底对QC课题进行集中突击。

4. 明保障

明确顺利开展QC工作的保障及奖励。企业QC活动管理部门应结合企业的现有资源，明确为各QC小组开展活动提供技术支持、人才支持、物质及精神奖励，引导各部门积极参与到QC活动中来，并营造积极、健康、乐观、和谐的活动氛围，为各QC小组提供坚强的后盾。

QC活动计划应尽可能地细致，应该包含年度目标（定性目标和定量目标）、工作思路、工作团队及职责、工作举措、保障机制、工作要求和附录，并以"活动日历"形式进行形象展示，便于员工清晰地了解本企业的年度活动安排，如图2-1和图2-2所示。

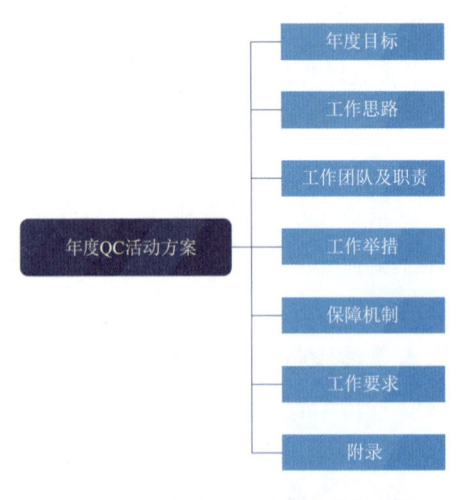

图2-1　年度QC活动方案举例

二、课题注册要精准有效

课题注册指的是组织各QC小组通过不同方式，确定本年度的QC课题，注册过程宜安排在年初进行，目的在于促进各QC小组尽早布局本年度实施课题，同时也有利于小组合理安排活动计划，将QC活动融入到日常工作，注重日常积累，实现高质量的成果产出。

课题的选择要注重选题的实用性、合理性、有效性。一方面，要注重QC课题的实用性，通过QC课题的开展，能够提高效率，消除隐患，解决实际工作中的问题；另一方面，对QC课题做好把关，并不是所有的课题都适合以QC活动的方式开展，对于那些不适合以QC活动方式开展的课题、想法，应及时修正，可以通过其他项目的形式开展，避免后期出现因课题问题导致QC课题终止的情况。

第一节 活动策划

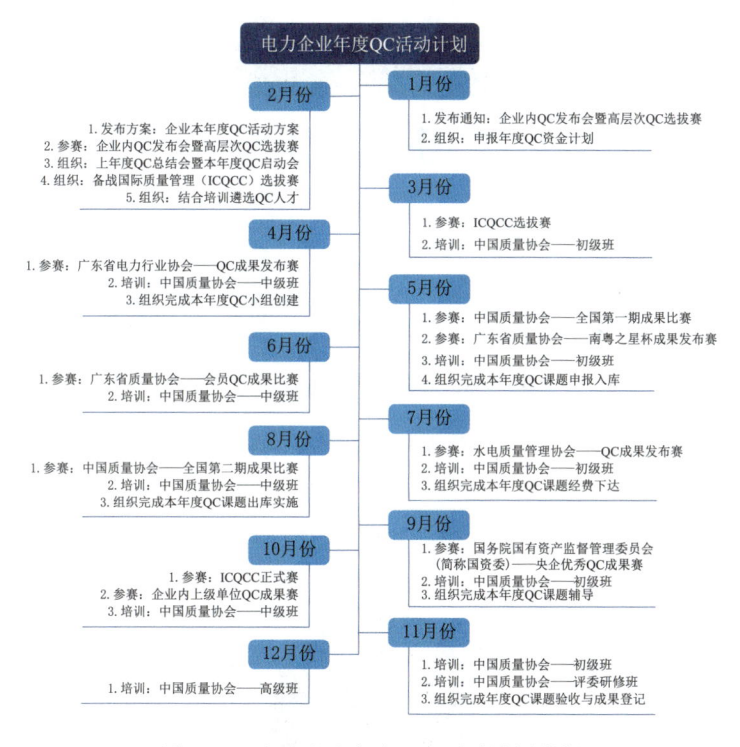

```
                    电力企业年度QC活动计划
                    │              │
            ┌───2月份┤              ├─1月份───┐
            │                                │
1. 发布方案：企业本年度QC活动方案        1. 发布通知：企业内QC发布会暨高层次QC选拔赛
2. 参赛：企业内QC发布会暨高层次QC选拔赛    2. 组织：申报年度QC资金计划
3. 组织：上年度QC总结会暨本年度QC启动会
4. 组织：备战国际质量管理（ICQCC）选拔赛   ─3月份───┐
5. 组织：结合培训遴选QC人才                        │
                                    1. 参赛：ICQCC选拔赛
            ┌───4月份┤              2. 培训：中国质量协会——初级班
            │
1. 参赛：广东省电力行业协会——QC成果发布赛   ─5月份───┐
2. 培训：中国质量协会——中级班
3. 组织完成本年度QC小组创建            1. 参赛：中国质量协会——全国第一期成果比赛
                                    2. 参赛：广东省质量协会——南粤之星杯成果发布赛
            ┌───6月份┤              3. 培训：中国质量协会——初级班
            │                      4. 组织完成本年度QC课题申报入库
1. 参赛：广东省质量协会——会员QC成果比赛
2. 培训：中国质量协会——中级班           ─7月份───┐

                                    1. 参赛：水电质量管理协会——QC成果发布赛
            ┌───8月份┤              2. 培训：中国质量协会——初级班
            │                      3. 组织完成本年度QC课题经费下达
1. 参赛：中国质量协会——全国第二期成果比赛
2. 培训：中国质量协会——中级班           ─9月份───┐
3. 组织完成本年度QC课题出库实施
                                    1. 参赛：国务院国有资产监督管理委员会
            ┌───10月份┤                （简称国资委）——央企优秀QC成果赛
            │                      2. 培训：中国质量协会——初级班
1. 参赛：ICQCC正式赛                  3. 组织完成本年度QC课题辅导
2. 参赛：企业内上级单位QC成果赛
3. 培训：中国质量协会——中级班           ─11月份──┐

            ┌───12月份┤              1. 培训：中国质量协会——初级班
            │                      2. 培训：中国质量协会——评委研修班
1. 培训：中国质量协会——高级班           3. 组织完成年度QC课题验收与成果登记
```

图 2-2 电力企业年度 QC 活动计划举例

常用的选题路线有三种，如图 2-3 所示，分别为：①指令性课题，即各电力企业针对本企业、下属部门或班站的落后及异常业务指标，向对应 QC 小组下达指令性目标，以改善业务指标为实施目标而开展的课题；②自选课题，即各 QC 小组根据企业高质量发展要求，围绕企业方针目标及生产、服务活动中存在的问题及需求，自定目标，以实现效率提升、持续改进为实施目标而开展的课题；③科技融合类课题，即各企业结合年度科技类项目（职工创新、孵化、科技项目等），组织项目组成员利用 QC 思路引导项目实施、验收、总结过程的课题。

课题选择完成后，组织专家评审，评审完成后，要组织各 QC 小组对课题进行注册，针对课题生成注册号，并以发文的形式进行公布。

三、活动体系要规范融合

目前，国家提出发展新质生产力，鼓励企业开展科技创新活动。各电力企业开展职工创新活动的课题载体为小发明、小创造、职工创新项目、科技

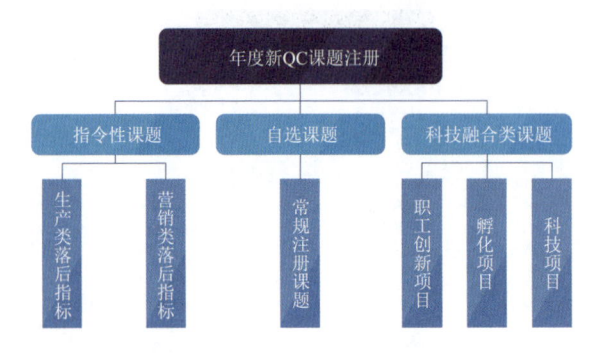

图 2-3　年度 QC 课题注册举例

创新项目等，活动的组织载体为技术技能专家工作室等。

QC 活动体系可以与各企业现有创新体系进行融合，实现人才、成果、平台的复用。如图 2-4 所示，融合模式包括以下三种：

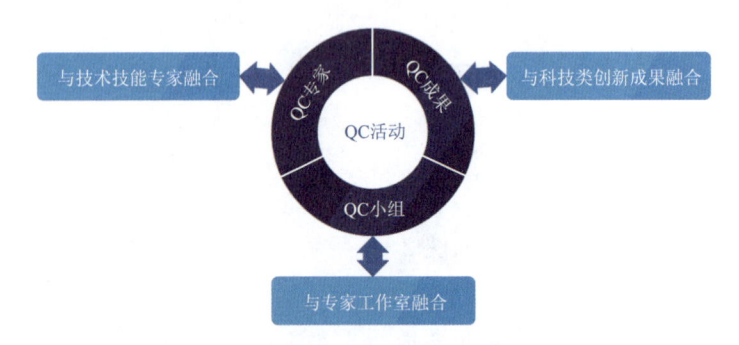

图 2-4　QC 活动与创新体系的融合模式

（1）促进 QC 成果与科技类创新成果融合。完整地将 QC 工具应用到创新项目的整个生命周期。

（2）促进 QC 小组与专家工作室（技术能手、劳模工作室）融合。一方面，利用各个专家工作室每年的创新思路与课题，从源头上提高 QC 成果的质量，便于 QC 成果的选题；另一方面，利用 QC 小组善于撰写总结提炼的特长，帮助专家团队完成相关能力的快速提升，协助完成相关任务指标，实现减负互助。

（3）促进 QC 专家与技术技能专家融合。一方面，将全面质量管理相关知识，融入到技术技能专家的培养课程体系内；另一方面，推动 QC 专家与技术技能专家评价体系互通，评价内容衔接，实现优势互补全面发展。

第二节 实 施 推 进

一、实施过程要科学合理

QC活动实施过程要严格遵循《质量管理小组活动准则》（T/CAQ 10201—2024），但活动准则适用于各个行业，内容颗粒度较大，三、四级单位在组织QC活动时，可以结合本企业实际，修编更加细致、实用的业务指导书或工作指引，推动QC活动规范化、科学化、常态化开展。

典型的QC业务指导书内容包含业务说明、适用范围、管理要点、流程及步骤说明、附录等内容，如图2-5所示。

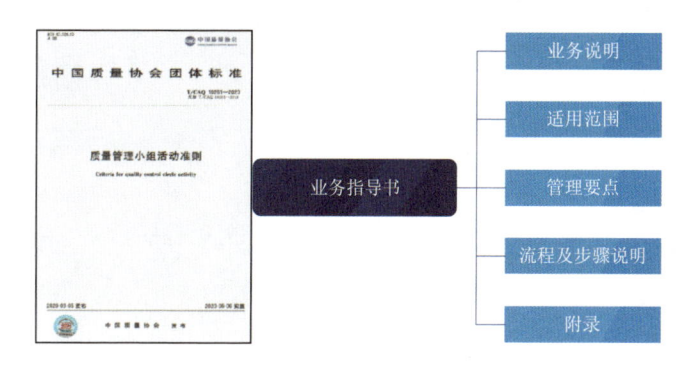

图2-5 典型的QC业务指导书结构举例

同时基于企业对于QC工作的积累，可以编写《××公司常用QC知识总结》，收集企业自身生产、营销、基建等各领域常用知识点，便于员工快速学习上手，同时收集国内外优秀成果案例，定期通过信息系统进行分享，吸引更多的人员参与到QC活动中来。

二、关键环节要集中把控

企业对QC活动的跟进把控应常态化进行，必要时企业应给予相应的支持和帮助。针对QC活动的要因分析、对策制定、对策确认、效果检查等关键节点，有序组织开展专项辅导，强化对标优秀意识，邀请相关单位的优秀专家进行指导，为后续参与更高等级的比赛打下坚实基础。以下为问题解决型课题和创新型课题实施过程中比较关键的阶段和步骤。

第二章　QC活动体系搭建

问题解决型课题：四个阶段十个步骤。如图2-6所示，该类型课题QC活动的基本程序可以概括为：P阶段通常包含六个步骤，一是选择课题，二是现状调查，找出要解决的主要问题，三是设定本次活动要达到的目标，四是分析产生主要问题的各种原因，五是确定主要原因，六是制定对策；D阶段包含一个步骤，即按照制定的对策进行实施；C阶段包含一个步骤，即检查所取得的效果；A阶段包含两个步骤，一是制定巩固措施，防止问题再次发生，二是总结及下一步打算。

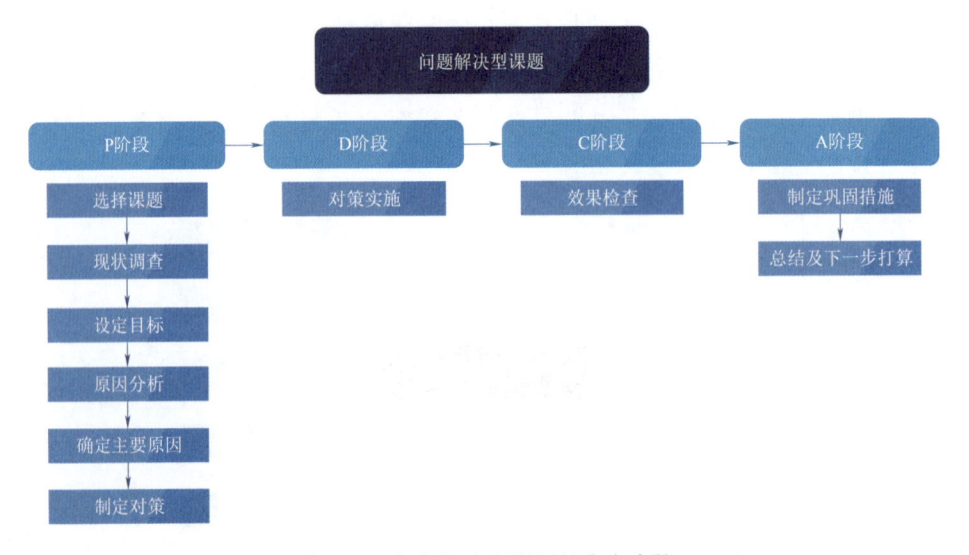

图2-6　问题解决型课题的十个步骤

创新型课题：四个阶段八个步骤。如图2-7所示，该类型课题QC活动的基本程序，可以概括为：P阶段通常包含四个步骤，一是选择课题，二是设定本课题要达到的目标并对目标进行可行性分析，三是提出各种方案并确定最佳方案，四是制定对策；D阶段包含一个步骤，按照制定的对策进行实施；C阶段包含一个步骤，即检查所取得的效果；A阶段包含两个步骤，一是制定标准化措施，二是总结及下一步打算。

QC活动的两种类型课题都是按照PDCA的模式开展的。因此，企业QC活动管理部门应在关键节点组织由技术技能专家、QC专家、科技管理人员、质量管理人员等组成的评审团队对各小组申报的课题进行评审，及时发现QC活动出现问题时并进行纠正，有效提高课题的完成质量。根据企业的实际情况，可以选取三个关键时间节点进行把控，分别为：开题汇报、中期

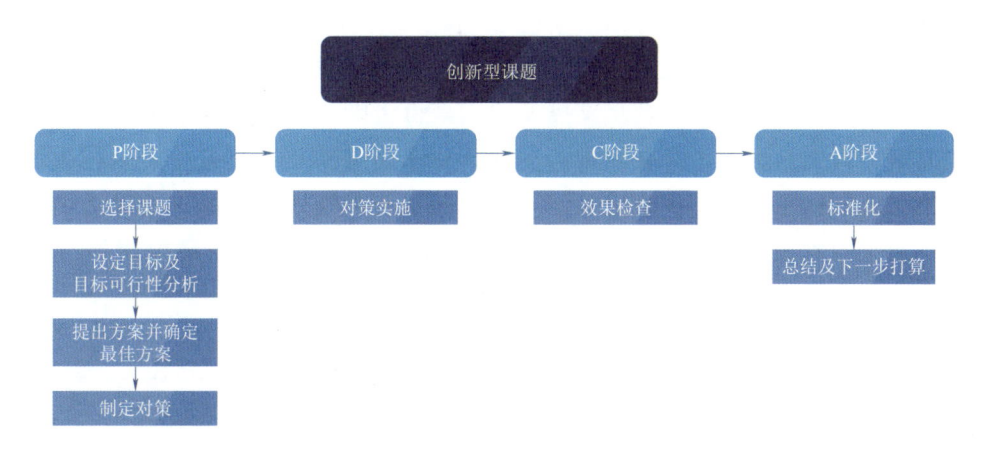

图 2-7 创新型课题的八个步骤

检查、效果验收。进行关键节点把控的时间可根据 QC 小组完成各阶段时间自主安排，但部分课题数量较多的企业也可集中安排在 3 月、6 月、9 月进行集中指导。

1. 开题汇报

在问题解决型课题完成设定目标后，在创新型课题完成设定目标及目标可行性分析后，检查 QC 小组选择的课题是否具有开展价值，设定的目标是否合理，小组成员是否有能力完成该课题。QC 活动开题汇报检查见表 2-1。

表 2-1　　　　　　　　QC 活动开题汇报检查表

序号	步骤	检 查 内 容	评价及建议
1	课题选择	（1）课题解决现场问题、提升落后指标的实用性	
		（2）选题过程的规范性	
		（3）课题预期效果的可推广性和知识产权的可固化性	
2	现状调查	（1）现状调查过程的规范性（创新型课题跳过该步骤）	
		（2）收集有关数据的真实性（创新型课题跳过该步骤）	
		（3）调查数据是否能反映现实（创新型课题跳过该步骤）	
3	设定目标	（1）设定目标过程具有数据支撑	
		（2）目标是否量化	
		（3）目标在难易度、经济性、时间等方面是否可行	
4	检查结论	（是否合格，指出存在问题并给出修改意见）	

第二章　QC活动体系搭建

2. 中期检查

在问题解决型课题完成制定对策后，检查课题找出的原因是否全面；确定主要原因的过程是否有数据支撑，逻辑是否清晰；制定的对策能否解决主要原因，实施过程是否存在困难。在创新型课题完成制定对策后，检查课题方案比选依据是否合理；确定最佳方案的过程是否有数据支撑，逻辑是否清晰；制定的对策是否可以顺利实施。QC活动问题解决型课题中期检查见表2-2。

表2-2　　　　　QC活动问题解决型课题中期检查表

序号	步骤	检 查 内 容	评价及建议
1	原因分析	(1) 原因分析过程中应用的工具是否合理有效	
		(2) 原因分析全面、客观	
		(3) 要因确认过程的程序清晰，具有数据支撑	
		(4) 找到的主要原因合理正确	
2	制定对策	(1) 对策选择过程评价全面、客观	
		(2) 制定的对策能够有效解决主要原因	
		(3) 制定的对策具有可实施性	
3	检查结论	（是否合格，指出存在问题并给出修改意见）	

QC活动创新型课题中期检查见表2-3。

表2-3　　　　　QC活动创新型课题中期检查表

序号	步骤	检 查 内 容	评价及建议
1	确定方案	(1) 方案比选依据合理	
		(2) 确定最佳方案论证过程程序清晰，应用了相关工具图表	
		(3) 确定最佳方案论证过程具有数据支撑且数据真实可靠	
		(4) 最佳方案能有效完成课题目标	
2	制定对策	(1) 应用了5W1H法等工具制定对策	
		(2) 对策实施目标设定合理	
		(3) 制定的对策具有可实施性	
3	检查结论	（是否合格，指出存在问题并给出修改意见）	

3. 效果验收

在问题解决型课题及创新型课题完成效果检查后，检查课题的对策实施

第二节 实施推进

过程是否达成了实施目标，在完成全部对策后效果究竟如何，是否达成了目标。并为接下来 A 阶段给出建议。QC 活动效果检查见表 2-4。

表 2-4　　　　　　　　　QC 活动效果检查表

序号	步骤	检 查 内 容	评价及建议
1	对策实施	（1）依照对策表逐一实施，按期落实	
		（2）实施过程（各项原始数据、统计方法等）完整、真实	
		（3）对策实施有效，达成对策目标	
2	效果检查	（1）效果检查（各项原始数据、统计方法等）完整、真实	
		（2）是否实现课题目标	
		（3）效益的计算客观、实事求是	
3	检查结论	（是否合格，指出存在问题并给出修改意见）	

以上内容从 QC 小组成员的角度论述了 QC 活动关键环节的把控，而从 QC 活动组织者的角度描述推进 QC 活动的关键点，概括来说可以描述为"十六个要"，如图 2-8 所示。

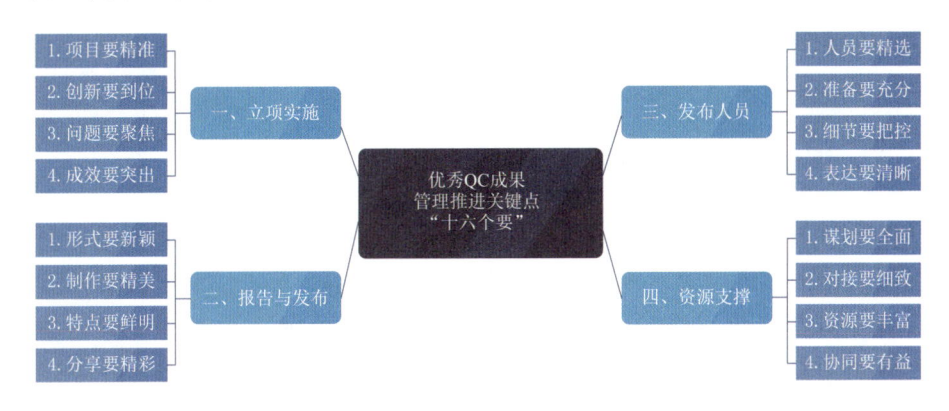

图 2-8　优秀 QC 成果管理推进关键点"十六个要"举例

立项实施方面：项目要精准，创新要到位，问题要聚焦，成效要突出。要引导课题组将项目课题的出发点和归宿点精准落实到影响企业经营发展的痛点、堵点，聚焦于影响质量的主要矛盾，不能找一些无关痛痒的次要矛盾进行立项，造成人力和物力的浪费。围绕课题进行的创新工作要固化形成稳定的技术方案，同时要清楚地认识到，对于大多数企业员工而言，创新是横向创新而非纵向创新，是将新方法新材料新结构引入到本领域的创新，而非原创基础科学创新，这是由企业员工的工作性质决定的。对于成果好坏的评

19

价标准,要始终坚持"有没有解决问题,有没有消除缺陷,有没有提高质量水平"的成效评价导向。

报告与发布方面:形式要新颖,制作要精美,特点要鲜明,分享要精彩。成果报告的总结是QC活动的重要一环,对于报告的形式,可以不拘一格,常用的幻灯片或者文档均可,近年来很多成果采用幻灯片结合视频的形式进行总结,起到了很好的展示效果。

发布人员选择方面:人员要精选,准备要充分,细节要把控,表达要清晰。在组织QC成果发布的过程中,人员是关键重要的一环,每位员工擅长的技能不一样,也就要求小组负责人根据小组成员的特点进行工作安排,尤其是对于重要的比赛,可以采用针对性遴选的方式,将最适合发布的人才选拔出来,认真打磨细节,将企业的风采展示出来。

资源支撑方面:谋划要全面,对接要细致,资源要丰富,协同要有益。作为QC活动的推进者,要为活动小组提供丰富的活动资源,良好的活动氛围。在实际工作中,要注意了解各个小组的问题短板,并收集各个小组的主动诉求,针对问题短板和主动诉求安排资源对接,做到对小组的细致服务。同时协同相关部门资源,形成有益的协同关系,比如在小组拍摄视频展示阶段,往往需要企业宣传部门的支持。

三、课题辅导要稳抓关键

课题辅导是QC活动不可或缺的一部分,通过课题辅导,能够进一步推动QC成果的改进与完善,提升活动能力,培养QC人才。常用的辅导方式有关键节点集中辅导和导师制辅导。关键节点集中辅导指的是在课题的注册、中期、验收、发表等关键节点,由辅导老师对多个小组进行统一辅导。导师制辅导指的是在课题注册之初,为单个课题安排"一对一"的导师,导师全程参与整个QC活动,对于重点课题和关键赛事种子课题,建议采用导师制辅导。

通过导师制辅导,能够明确项目辅导导师与各参赛QC小组之间的指导与被指导关系,建立一对一专业且高效的沟通机制,通过项目辅导导师的专业指导和支持,能够提升各QC小组的QC活动开展能力、材料撰写能力、参赛水平和成果质量。

QC课题导师辅导协议举例见表2-5。

表 2-5　　　　　　　　　　　QC 课题导师辅导协议举例

××公司××××年度 QC 课题导师辅导协议
本协议旨在进一步推动××公司 QC 活动工作的改进与完善，明确项目辅导导师与各参赛 QC 小组之间的指导与被指导关系，建立一对一专业、高效的沟通机制，通过项目辅导导师的专业指导和支持，提升各参赛 QC 小组的参赛水平和成果质量，为各参赛 QC 小组在 2024 年 QC 活动取得优异成绩提供坚实保障。 一、经共同协商，_____同志（辅导导师）与_____（课题小组）签订导师辅导协议。 二、辅导导师的责任 （1）导师需为 QC 小组提供专业的指导和支持，包括但不限于选题方向、研究方法、材料撰写、发表展示等方面的建议。 （2）导师应把控备赛的关键节点，监督并协助 QC 小组按照既定的时间表和计划推进项目备赛工作。 （3）导师应帮助 QC 小组解决在备赛过程中遇到的专业问题，提供解决方案或建议。 （4）导师应致力于帮助 QC 小组在××××年 QC 活动中取得优异成绩，包括但不限于提供模拟评审、发表演练指导等支持。 三、QC 小组的义务 （1）QC 小组应及时、主动向导师请教，就项目进展、遇到的问题等方面与导师保持密切沟通。 （2）QC 小组应虚心接受导师的指导和建议，对导师提出的意见给予充分重视并体现在项目备赛质量改进中。 （3）QC 小组应按导师的指导意见持续改进项目，不断提升参赛成果的材料提交水平和发表人员的发表水平。 （4）QC 小组应尊重导师的知识产权和专业经验，未经导师同意，不得擅自将导师的指导内容或建议在工作范围之外对外公开或用于其他用途。 四、协议结束与考核 （1）本协议自签订之日起生效，至××××年××月××日结束后终止。 （2）协议结束后，××公司将根据 QC 小组在××××年 QC 活动的获奖情况及 QC 小组的辅导反馈情况对导师的工作进行考核和表彰。具体考核指标包括但不限于 QC 小组的获奖等级、发表表现、成果质量等。 （3）考核结果将作为衡量辅导导师本年度 QC 辅导工作评价的关键依据，并作为年度质量管理先进工作评价的重要参考依据。 辅导导师（签名）：　　　　　　　　　　　项目负责人（签名）： 　　年　月　日　　　　　　　　　　　　　　年　月　日

四、内部资源要有效协同

为了确保 QC 活动能够在企业内部顺利开展，还需要企业为 QC 小组创造良好的内部环境，营造积极健康的氛围，内部环境的关键要素包括：企业领导的重视、内部资源的有效统筹和员工的广泛认同。

1. 企业领导的重视

QC 活动是员工直接参与质量改进、提高产品和服务质量的最普遍形式。企业领导应充分重视 QC 活动，积极引导，并在行动上给予支持，制定并实施鼓励 QC 活动开展的政策，参加 QC 活动小组成果发表会，并亲自为表现优秀的 QC 小组颁奖，从而在内部形成领导干部直接抓质量的良好氛围。

2. 内部资源的有效统筹

企业 QC 活动管理部门要积极协同宣传部门、工会和技术技能实操基地等相关部门，建立有效的协同机制，统筹活动资源。要积极协调 QC 活动相关的视频拍摄与制作、幻灯片美化、礼仪培训等资源，以支持 QC 小组顺利开展活动，高质量地总结成果，并高效参与各项赛事。

3. 员工的广泛认同

QC 活动的主体是员工，只有广大员工对开展 QC 活动有正确的认识，并自愿参与其中时，QC 活动才能真正为企业解决问题、带来效益、体现价值。因此，企业 QC 活动管理部门要重视 QC 价值观的宣传，把人才培养作为 QC 活动的重要工作，使员工在 QC 活动中体会到"拼搏进取、不放松、不放弃，最终取得成功"的成就感。

第三节 总 结 验 收

一、成果总结要系统全面

（一）QC 成果总结的意义

员工经常提出这样的疑问：既然 QC 活动的目的在于解决现场实际问题，提高工作效率，改进质量，那么只重视课题实施的结果就行了，为什么要将课题实施过程总结成文字材料呢？

QC 小组全体成员经过共同努力，完成一个课题的活动策划实施之后，无论是否达到了预期目标，都应该认真进行总结，以利于后期活动的持续开展。一方面，如果成果达到预期，应该进行经验总结，明确下一步计划，形成成果报告，准备成果发表，用来交流、参赛、评选、表彰，以及成果应用推广；另一方面，如果成果未达到预期，更应该重新梳理，进行剖析，明确问题所在。

同时，成果总结还有助于推动小组成员对活动过程进行回顾，重温各个环节、步骤，总结知识，条理化、系统化、科学化地将活动过程和成果加以总结、提炼，有助于提升小组成员概括总结的能力并培养及时总结的习惯。这其中有对成功经验的总结，也有对失败教训的反思，找到小组活动过程及每个成员的闪光点，以便在今后的活动中继续发扬光大，同时也有助于小组发现活动中的不足，以便在未来的活动中逐步改善、提高。

QC活动报告的整理过程也是知识梳理的过程，促进了小组成员业务技能的提升、对活动过程技巧的掌握、对工具方法的熟练运用等。小组成员通过整理活动记录，对知识、工具、经验进行汇总，梳理在QC活动过程中产生的新想法、新思路，形成QC活动课题储备库，为新一年的QC活动提供支持。

（二）QC活动取得的成果与效益

QC活动取得的成果可以分为实物成果和非实物成果两类。实物成果可以是活动过程中产出的新产品、新工具，比如课题"研制一种220kV新型电流互感器极性校验装置"，就产出了一款新装置工具。非实物成果可以是活动过程中明确了一种新的工艺、新的方法或新的服务模式等，如课题"降低××街道10kV线路跳闸率"，针对××街道10kV线路容易在交叉作业过程中遭受外力破坏，提出了针对交叉作业的一整套方案，就产出了一种降低10kV线路跳闸率的新思路和新方法。当然有些课题既可以产出实物成果，又可以产出非实物成果，比如课题"缩短户外刀闸工作安措执行时间"，对户外刀闸工作安措的布置时间进行了细致分析，产出了一种新的户外刀闸工作安措围栏，以及新的布置安措的典型流程，并形成了相应的作业指导书。

QC活动取得的效益可以分为有形效益和无形效益。有形效益主要是指经济效益。无形效益主要是那些难以简单用经济指标衡量的效益，在电力行业主要是指社会效益，如提高良品率、降低耗材损耗、减少用户停电时间、降低客服电话投诉率等。

（三）成果的总结

成果总结的原则之一：实事求是，客观真实。树立正确的QC活动价值观，是进行QC活动的初心与坚持，QC成果的总结，切忌为了结果胡编乱造，应该"真实记录活动流程和数据，按规范认真梳理汇总"。对于QC活动的成果要有理性的认识，QC活动的开展，绝大多数情况是没有经费或者只有零星经费投入，QC活动的成果也是落实在"点"上的小问题，并不能期待QC活动能解决"面"上的重大技术和管理问题，QC成果的总结更应该尊重活动流程，客观真实地记录活动的过程和相关数据，只有这样的成果才能真正地启发、指引对质量的提升和改进。

成果总结的原则之二：严格按照活动流程科学总结。QC小组开展活动、确定课题、明确方案、组织实施是按活动程序进行的，在课题完成之后，也应该按照活动流程对各个步骤进行总结归纳，检查各个步骤所使用的分析方法是否正确，所作出的结论是否有充分的证据和说服力。只有按照顺序全面地总结，按照顺序完整地复盘，才能对PDCA的运用有更深刻的认识，真正提高小组成员分析问题、解决问题的能力。

成果总结的原则之三：重点突出，特点鲜明。成果总结的过程中，应严格依据小组课题活动的实际情况，将课题活动的难点、特点总结出来，所谓的难点，不一定是通过课题解决的难点，也可以是未能解决或者是部分解决的难点，从这个角度出发，也解释了QC成果总结不只是单纯地总结亮点。解决问题的过程，解决问题所采用的思路方法，对员工同样有启发意义。

成果总结的原则之四：用数据支持成果总结。为了让成果更加形象易懂，同时也为后续PPT制作打下基础，成果报告要以图、表、数据为主，配以少量的文字说明来表达，从受众的角度来看，能有图、表说明的观点尽量使用图、表，文字描述尽量用于开门见山的结论输出，报告尽量做到标题化、图表化、数据化，使成果报告清晰、醒目。对于成果涉及的数据，要取自实际调查、测量、试验，如果为了佐证期待的结果而去编造数据，就偏离了QC活动的初心。

二、课题评审要严格客观

经过接近一年的时间，QC课题经过立项、实施、检查和总结，不论是否达到了预期目标，也不论是否取得了可观的经济效益，都应该对课题进行验收评审，严格客观地记录课题的完成情况。

在电力行业中，对于QC课题的验收评审可以划分为四级单位验收和三级单位评审两个环节。四级单位的验收侧重于QC活动的规范性、QC成果解决问题的有效性，可以采用现场检查和报告检查的方式；三级单位的评审侧重于年度QC工作总结、选拔优秀成果、营造质量管理氛围，可以采用发表会的形式。

(一) 四级单位内部验收评审（现场检查和报告检查）

QC 课题的验收要根据课题的不同类型组织不同的验收组，验收思路是以立项初衷作为成果质量检验的首要标准，自选课题注重问题导向，指令性课题和科技融合类课题注重目标导向。

自选课题的验收组由三级单位企业 QC 活动管理部门和四级单位企业 QC 活动管理部门的人员、相关领域技术技能专家和 QC 专家组成。首先通过现场检查的方式，了解 QC 成果是否有效解决或部分有效解决课题立项之初的"现状问题"。然后再通过报告检查的方式，对活动的形式、流程的规范程度进行打分。

指令性课题的验收组由三级单位企业 QC 活动管理部门、三级单位对口专业管理部门、四级单位企业 QC 活动管理部门的相关领域技术技能专家和 QC 专家组成。其中，三级单位对口专业管理部门由课题下发部门担任，例如：若课题针对的落后指标为营销线条指标，则三级单位对口专业管理部门为市场营销部；若课题针对的落后指标为配网生产线条指标，则三级单位对口专业管理部门为生产技术部。相比于自选课题，指令型课题的验收组引入了"下发指令目标的单位"，就是为了更加突出 QC 活动的目标导向。指令性课题验收的侧重点为是否完成了指令性目标，以及活动的形式、流程的规范程度，验收的整体过程同样采取现场检查和报告检查相结合的方式。

科技融合类课题的验收组由三级单位企业 QC 活动管理部门、三级单位创新管理部门、四级单位企业 QC 活动管理部门的相关领域技术技能专家和 QC 专家组成。其中，三级单位创新管理部门的加入能够更好地评价课题的创新性，以及 QC 工具对创新活动的促进支持作用。相比于自选课题，科技融合类课题的验收组引入了"三级单位创新管理部门"，就是为了促进科技创新与 QC 活动的深入融合，更好地推动实现科技类成果和 QC 成果的双产出。科技融合类课题验收的侧重点为成果创新性、QC 工具在创新活动中的应用效果，以及活动的形式、流程的规范程度，验收的整体过程同样采取现场检查和报告检查相结合的方式。

(二) 三级单位评审（成果发表会）

三级单位 QC 成果评审，一般采用发表会的形式，三级单位 QC 成果发表会是遴选优秀成果的重要平台，对QC成果的进一步完善也具有重要意义。首先，QC成果经过了四级单位的验收，对于合格优秀的成果，需要更大的平台进行展示；其次，通过三级单位QC发表会的平台可以筛选出优秀成果推送至上级单位和更高级别的赛事平台。

举办成果发表会的目的在于营造质量管理的良好氛围，促进质量成果交流，并对优秀成果进行奖励。在成果发表会上，来自各个四级单位的优秀QC成果依次发表，为每个QC小组学习他人的经验、发现自身的不足提供了一个非常好的平台。通过成果发表会，评审专家对各个课题组进行提问答辩，可以现场指出各个小组开展活动过程中的优缺点，有助于不同小组之间相互学习。QC小组成员在认真分享活动成果的过程中，化身为产品经理的角色，介绍成果的启发、实施、产生的全过程，可以获得领导、专家和广大员工的认可，同时，这种自我展示能够实现施展才华、锻炼表达能力的目的。

成果的发表形式可以不拘一格。为了更好地发挥成果发表的作用，QC活动推进者和组织者应视不同情况区别对待，提倡不同特点的成果运用不同的形式发表，展现各个成果的特色，既可以采用PPT、word等沉稳的形式，也可以采用视频、话剧、小品等生动活泼的形式。当然，形式一定要服从成果本身，不能为了形式的创新而忽略了成果本身的内容，这需要组织者在成果的评分体系上做好正确的引导。

成果发表会设置交流提问环节，让会议的互动性更强。一般情况下，如果整个发表过程中没有观众与小组的交流互动，整场发表会容易让人感觉枯燥乏味，所以组织者要在发表会过程中设置互动环节。一方面，可以引导观众与发表的小组开展交流，对其成果或者活动过程进行提问，由发表人或小组成员进行回答，这样既可以活跃会场气氛，又能起到相互交流、共同探讨、互相学习、共同提高的作用；另一方面，也可以由主持人组织QC知识有奖问答，在整场发表会过程中，每隔几个课题进行一次有奖问答，问题题目可以出自国家《质量强国建设纲要》，企业质量管理相关政策，也可是QC工具基本知识，既活跃了现场气氛，又传播了相关知识。

安排专家"点对点"评价。每个成果发表完成后，应由担任评委的专家给予客观的讲评，这是一般QC成果发表会的常用环节。为了更深入地点评小组的成果，可以在发表会前，提前将QC成果材料发送给评审专家，以便专家在发表会前深入了解成果。一份 QC 成果的文本材料，往往有几十页，安排专家"点对点"评价，让专家有了充足的时间去研究成果，分析成果的不足和改进点。在发表会现场专家进行点评分享，既可以肯定小组成果的优点、好的经验和做法，又可以清晰地指出成果中的不足和问题，并提出改进建议，这样可以使每次成果发表会都成为一次好的学习机会，使现场观众也能更好地了解 QC 活动，营造企业良好的活动氛围。

邀请企业领导和兄弟单位参加成果发表会。组织者要尽可能邀请各层级的主管领导参加会议，听取成果发表，邀请领导为获奖的优秀 QC 小组颁奖，以资鼓励。企业领导的号召和激励作用是不可忽视的，而且往往能起到事半功倍的效果，会给后续的 QC 工作推进带来更大的助力。同时，也可以邀请兄弟单位的小组参加成果发表会：一方面，增进了不同单位之间的交流，为后续的合作打下基础；另一方面，促进了不同单位间成果的取长补短，共同进步。

可以将 QC 成果发表会与企业年度 QC 工作总结会相结合。三级单位可以将年度 QC 成果发表会与 QC 业务总结会结合推进，这样能够进一步增加活动氛围，体现出企业对 QC 工作的重视。

QC 活动评审、发布和总结会相关材料举例见表 2-6～表 2-11。

表 2-6　　　　QC 活动成果材料评审标准举例（问题解决型）

\multicolumn{5}{c}{QC 活动成果材料评审标准（问题解决型）}
课题名称				
小组名称				
序号	评审项目	评审内容	满分	评分	备注
1	选题	（1）所选课题与上级方针目标相结合，或是本小组现场急需解决的问题。 （2）选题理由明确、用数据说明。 （3）现场调查（自定目标课题）为设定目标和原因分析提供依据。目标可行性论证（指令性目标课题）为原因分析提供依据。 （4）目标可测量、可检查	15		
2	原因分析	（1）针对问题或症结分析原因，逻辑关系清晰、紧密。 （2）每一条原因已逐层分析到末端，能直接采取对策。 （3）针对每个末端原因逐条确认，以末端原因对问题或症结的影响程度判断主要原因。 （4）判定方式为现场测量、试验和调查分析	30		

续表

序号	评审项目	评审内容	满分	评分	备注
3	对策与实施	（1）针对主要原因逐条制定对策。进行多种对策选择时，有事实和数据为依据。 （2）对策表按5W1H要求制定。 （3）按照对策表逐条实施，并与对策目标进行比较，确认对策效果。 （4）未达到对策目标时，有修改措施并按新的措施实施	20		
4	效果	（1）小组设定的课题目标已完成。 （2）确认小组活动产生的经济效益和社会效益，实事求是。 （3）实施的有效措施已纳入相关标准或管理制度等。 （4）小组成员的专业技术、管理方法和综合素质得到提升，并提出下一步打算	20		
5	成果报告	（1）成果报告真实，具有逻辑性。 （2）成果报告通俗易懂，以图表、数据为主	5		
6	特点	（1）小组课题体现"小、实、活、新"特色。 （2）统计方法运用适宜、正确	10		
总体评价					
评审部门			得分		

表2-7　　QC活动成果材料评审标准举例（创新型）

QC活动成果材料评审标准（创新型）					
课题名称					
小组名称					
序号	评审项目	评审内容	满分	评分	备注
1	选题	（1）选题来自内、外部顾客及相关方的需求。 （2）广泛借鉴，启发小组创新灵感、思路和方法。 （3）设定目标与课题需求一致，目标可测量、可检查。 （4）依据借鉴的相关数据论证目标可行性	20		
2	提出方案并确定最佳方案	（1）总体方案具有创新性和相对独立性，分级方案具有可比性。 （2）方案分解已逐层展开到可以实施的具体方案。 （3）用事实和数据对每个方案进行逐一评价和选择。 （4）事实和数据来源于现场测量、试验和调查分析	30		
3	对策与实施	（1）方案分解中选定可实施的具体方案，逐项纳入对策表。 （2）按5W1H要求制定对策表，对策即可实施的具体方案，目标可测量、可检查，措施可操作。 （3）按照制定的对策表逐条实施。 （4）每条对策实施后，确认相应目标的完成情况，未达到目标时有修改措施，并按新措施实施	20		

续表

序号	评审项目	评审内容	满分	评分	备注
4	效果	(1) 检查课题目标的完成情况。 (2) 确认小组创新成果的经济效益和社会效益实事求是。 (3) 有推广应用价值的创新成果已形成相应的技术标准或管理制度。对专项或一次性的创新成果，已将创新过程相关资料整理存档。 (4) 小组成员的专业技术和创新能力得到提升，并提出下一步打算	15		
5	成果报告	(1) 成果报告真实，具有逻辑性。 (2) 成果报告通俗易懂，以图表、数据为主	5		
6	特点	(1) 充分体现小组成员的创造性。 (2) 创新成果具有推广应用价值。 (3) 统计方法运用适宜、正确	10		
总体评价					
评审部门			得分		

表 2-8　　　　　　　　　QC 活动发布评审标准举例

序号	课题名称	发布内容 (共 30 分)	语言表达 (共 30 分)	PPT 效果 (共 25 分)	形象风度 (共 15 分)	总分（必填，共 100 分）
1		发布资料要系统分明，前后连贯，逻辑性好	不照本宣科，吐字清晰，声音洪亮，语速恰当；表达准确、流畅、自然	应以图、表、数据为主，通俗易懂，不用专业性较强的词句和内容	发表时要从容大方，有礼貌地讲成果	

表 2-9　　　　　　　　　关于举办 QC 总结会的通知举例

关于举办××公司第××届 QC 成果发表会暨××××年度 QC 总结会的通知

为大力推广 QC 活动，充分调动广大员工的积极性和创造性，落实集团公司质量强企行动计划，并对××年度 QC 工作进行总结，经研究，定于××××年××月××日举办第××届 QC 成果发表会暨××年度 QC 总结会。现将有关事宜通知如下：

一、会议时间

……

二、会议地点

……

三、参加人员

……

四、发表 QC 小组

经内外部专家组进行材料评审，本次发表会共推选××个优秀 QC 小组进行现场展示。

续表

五、发表方式
成果发表采用 PPT 演示讲解，限时 8 分钟。请参加发表的 QC 小组将 PDF 成果报告及 PPT 演示文稿于××月××日上午下班前以内邮方式发送到企业管理部门×××处。

六、评分规则
发表会共设立 QC 成果一等奖（×个）、二等奖（×个）、三等奖（×个）、最佳发表奖（×个），共四个奖项。
（一）成果奖得分＝材料评审评分（60%）＋发表现场评分（40%）
1. 材料评审评分（60%）：由上级单位评审专家、外单位评审专家、对标单位评审专家、本单位评审专家、创新创客评审。
2. 发表现场评分（40%）：由现场专家组评分确定。
（二）最佳发表奖选取发表现场评分前×名。

七、发表抽签
……

八、会议要求
……

特此通知。

表 2-10　　　　　　　　　　QC 总结会会议议程的举例

日期	时间	议　　程	时间
××月××日	9：30—12：00（上午）	1. 宣布发表会开始，介绍会议议程	2 分钟
		2. 介绍到场嘉宾与评委	2 分钟
		3. 领导致开幕词	5 分钟
		4. 年度 QC 业务总结	8 分钟
		5. 向突出贡献单位及个人颁奖	2 分钟
		6. 优秀 QC 推荐者分享	8 分钟
		7. 优秀 QC 小组成员分享	8 分钟
		8. ICQCC 小组英文发表展示	13 分钟
		9. 休息	10 分钟
		10. 介绍评分规则	2 分钟
		11. 开始成果发表	至 12：00
××月××日	14：00—17：00（下午）	12. 成果发表（共××个，中间休息 10 分钟）	140 分钟
		13. 网省公司嘉宾点评	5 分钟
		14. 宣布评分结果	3 分钟
		15. 颁奖	10 分钟

备注：
(1) 评委点评：按照安排，每个项目由 1 个评委进行点评（30 秒）；
(2) 知识问答：每两个小组发表完成后，进行一次 QC 知识问答，第一名答对问题的现场观众，将获得小礼品一份。

表 2-11　　QC 总结会评审办法、发表规则和会场纪律举例

评审办法、发表规则和会场纪律
一、评审办法 （一）成果奖 成果奖得分由材料评审评分（60%）和发表现场评分（40%）两部分组成。 (1) 材料评审（60%）：由网省级 QC 专家、专业线条专家和××电网创客共同评审评分完成。 (2) 现场评分（40%）：由现场专家组评分。 （二）最佳发表奖 根据现场发表分数从高到低取前×名，授予"最佳发表奖"。 （三）最佳指令性课题 针对指令性课题的立项目标，由下达指令性课题的专业管理部门、技术技能专家和××电网创客共同评定。 （四）奖项设置 发表会共设立 QC 成果一等奖（×个）、二等奖（×个）、三等奖（×个）、最佳发表奖（×个），最佳指令性课题（×个），共五个奖项。 二、发表规则 (1) 发表时间为 8 分钟，每超过 1 分钟扣发表总分 1 分，在最后 1 分钟时计时员将给予响铃提示。每个成果发表完毕，不作现场亮分。 (2) 严禁携带文稿上台发表，否则列作零分处理。 三、会场纪律 为保证发表会的顺利进行，会议期间，与会人员应遵守会场纪律，保持安静，把手机调至振动模式。

第四节　成　果　输　出

一、成果推广应用

在每年众多的 QC 小组课题中，QC 团队成功实施了一系列有效的质量控制措施。这些措施包括改进生产流程、提高检测设备的准确性和可靠性、加强员工培训等。通过这些措施的实施，成功地提高了产品的质量，降低了生产过程中的风险，从而提高了客户满意度。为了使这些成果能够在企业内部得到更广泛的应用，可以采取以下推广措施：

(1) 制定详细的操作手册。将 QC 团队的宝贵经验和最佳实践整理成操作手册供相同专业人员参考使用。

(2) 组织课程培训。组织针对不同部门的培训课程，以提高员工对质量控制的认识和操作技能。

(3) 建立 QC 成果交流平台。通过 QC 成果交流平台，员工之间可以分

（4）定期评估和改进。定期评估 QC 成果的推广效果，并根据反馈进行必要的改进。

值得注意的是，对于电力行业，安全生产是企业的生命线，所以在进行 QC 成果推广应用前，建议进行风险评估，并在应用完成后填写应用报告，见表 2-12 和表 2-13。

表 2-12　　　　　　　　QC 成果应用风险评估举例

××公司 QC 成果应用风险评估					
成果名称						
完成单位						
推广范围及地点						
风险评估	风险类别	风险名称	可能导致结果	评估结果/风险等级	控制措施
风险 1	作业风险	不按规定程序作业	造成人员轻微的伤害（小的割伤、擦伤、撞伤）	高（ ）中（ ）低（ ）	
风险 2	设备风险	不按规定程序作业	设备或财产损失在 1000 元以下	高（ ）中（ ）低（ ）	
风险 3	作业风险	误碰运行设备	造成轻伤 1~2 人	高（ ）中（ ）低（ ）	
结论	低风险（ ）　　中风险（ ）　　高风险（ ）				

表 2-13　　　　　　　　QC 成果应用报告举例

××公司 QC 成果应用报告			
成果名称			
应用单位			
通讯地址			
应用成果起止时间			
经济效益/万元			
年度	2021	2022	2023
新增产值（产量）			
新增利税（纯收入）			
年增收节支总额			

续表

应用情况及社会效益：
应用单位：（公章） 年　月　日 （纸面不敷，可另增页）

二、知识产权发掘

"小、实、活、新"是 QC 活动的特点，对于活动过程中产生的创新思路、方法、成果，要及时通过专利或者论文进行固化。

在开展 QC 活动的过程中，对策实施表（5W1H）是常用的工具，这种工具体现了 QC 活动的主要实施过程，而专利的发掘就来自于对实施过程的分析分解。对于申请专利的技术文件，关键在于描述清楚"采用什么样的技术方案解决了什么样的技术问题"，而这些内容都包含在对策实施表中，见表 2-14。具体而言，"要因"对应"解决的技术问题"，"对策"对应"技术方案名称"，"目标"对应"取得的预期效果"，"措施"对应"采用的技术方案"。

表 2-14　　　　　　QC 对策表举例

序号	要因	对策 What	目标 Why	措施 How	负责人 Who	地点 Where	时间 When
1	无自动停启功能	研制自动控制模块	按设定阈值启停，湿度稳定在 50%～80%	①核心部件选取；②电路设计；③硬件焊接；④程序编写及调试；⑤载入程序，连接抽湿机；⑥确定启停的阈值；⑦模块改进	×××	×××	×××

续表

序号	要因	对策 What	目标 Why	措施 How	负责人 Who	地点 Where	时间 When
2	水箱饱和停机	新增自动排水管道	水箱内的水自动排出，水箱水位低于2.1L	①筛选排水管道及粘接材料；②确定排水管道直径；③接入排水管道	×××	×××	×××
3	缺乏维护	加强员工维护	按照产品说明书维护	①专人维护；②定期检查	×××	×××	×××

同时，还要提醒QC成果申请专利方面存在的几个误区。

误区一：自主研发的成果不申请专利就有知识产权。一些技术人员认为只要是自主创新，就有了自主知识产权。其实不然，专利是一种垄断权，自主研发的技术成果如果不申请专利，就得不到法律的确认和保护。同时，在我国专利申请采用的是先申请原则，谁先申请了具有创造性、新颖性和实用性的发明创造，专利就授予谁。

误区二：申请专利会导致技术泄密的风险。很多技术人员担心，如果将自己的创新技术申请了专利，那么该项技术就公开了，于是竞争对手就可以通过专利公告了解到自己的技术秘密，因而不愿意申请。对于这个问题应当这样理解：产品一旦投放市场，其技术是很难保密的，不申请专利，该技术同样会在产品流通过程中被他人获得或模仿，或者被他人通过反向工程研发出相同的技术产品，尤其是电力设备制造领域产品，更易导致技术泄密。

误区三：必须做出了样品或实物，成果发表完成才能申请专利。发明、实用新型或外观设计都是对一种技术方案的保护，而不是对产品本身的保护，因此，只要有切实可行的技术方案，就可以着手进行专利申请。

误区四：一件QC成果只能申请一件专利。一件成果的研发过程需要攻克多项的技术点，而一件专利往往是针对产品的一个技术点，因此新产品研发过程涉及的多项技术点通常可以形成多件专利。

误区五：先发表论文或成果鉴定再申请专利。有些发明人取得研究成果后急于发表文章或成果鉴定，而没有想到先申请专利保护。由于发表文章或成果鉴定不可避免地要公开技术内容，导致专利申请因失去新颖性而得不到保护。

三、输送成果参赛

QC活动推进部门要积极输送QC成果参加高水平赛事，一方面，展示

第四节 成果输出

企业在质量控制方面所取得的成果，擦亮企业名片，扩大企业影响力；另一方面，通过参加比赛，可以促进各小组之间的相互学习和交流，开阔视野，进一步激发小组成员的竞争力，也能促进小组成员从其他小组的成果中学习到更多的经验和方法，激发小组成员的积极性和创造力，进一步推动质量管理的不断进步。

为了支持成果在各高层级赛道上取得好成绩，可以采用"赛道制"管控模式，模式的关键在于统筹赛事资源，集中力量攻坚，以下从赛道布局、思想态度、措施行动、晋级逻辑四方面进行介绍。

(1) 在赛道布局上，"赛道制"管控模式的核心在于"计划性"，在项目实施前期，初步选定优秀种子课题，进行侧重培育，同时明确各个赛道的备赛周期和要点，针对周期合理分配资源，避免优秀课题挤在同一个赛道。针对各个赛事的特色要点，要做到因地制宜，突出成果特色和得分点。

(2) 在思想态度上，增强"名片意识"的责任感，每一项输出成果都代表了本企业形象。高层级QC赛事竞争激烈，各个参赛队伍的成果水平较高，在备赛初期可以邀请企业领导，组织"备赛启动会"或者"备赛动员会"，鼓励员工树立奋勇拼搏的斗志，力争在高层级赛事中为企业争光，打出企业品牌。

(3) 在措施行动上，坚持"针对性内部评审—再提升—闭环提交"的方式，推动成果持续改进。无论参加哪个赛道，"针对性内部评审"环节都必不可少，只有成果在内部进行了评审把关，才能让小组成员更深入地了解成果，更准确地改进成果。QC的活动过程，本身就是一个"循环前进，阶梯上升"的过程，成果的提炼提升也是一样的道理。

(4) 在晋级逻辑上，注重成果的"衔接递进性"，明确了各个赛道间的递进关系和晋级地图。如图2-9所示，对于一个高质量的QC成果，往往要经历"本企业—分子公司—集团公司—全国赛—ICQCC"等几个赛道的洗礼，此时就要求备赛团队按照赛事递进关系，一步一个脚印，稳扎稳打，逐步推进，合理统筹人员和资源布局。

对于重点赛道，组织实施专项备赛方案，例如下面以ICQCC赛道为例，进行专项备赛方案介绍。

ICQCC大会，自1976年首次召开，至今已成功举办49届，因其在QC

第二章 QC活动体系搭建

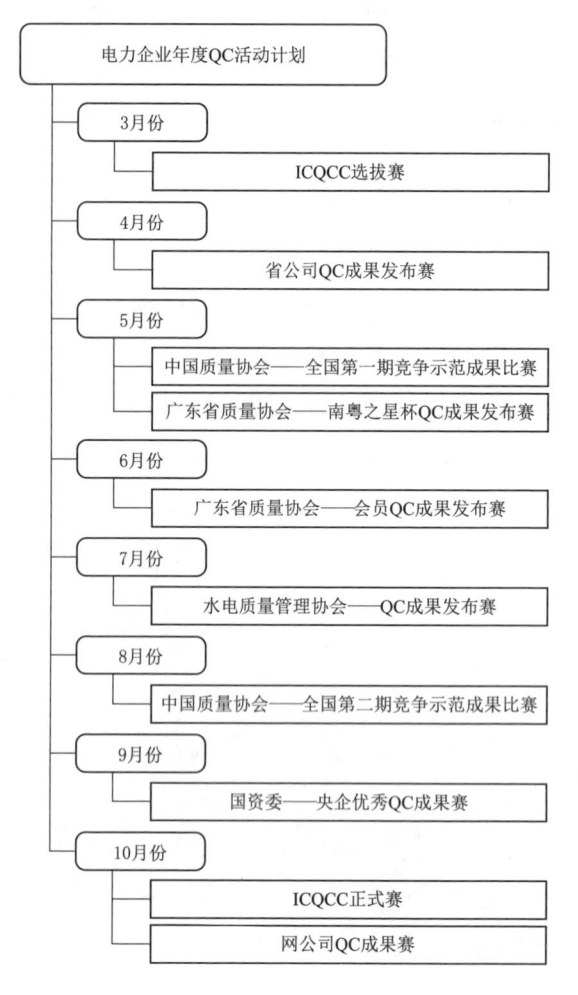

```
电力企业年度QC活动计划
├─ 3月份
│    └─ ICQCC选拔赛
├─ 4月份
│    └─ 省公司QC成果发布赛
├─ 5月份
│    ├─ 中国质量协会——全国第一期竞争示范成果比赛
│    └─ 广东省质量协会——南粤之星杯QC成果发布赛
├─ 6月份
│    └─ 广东省质量协会——会员QC成果发布赛
├─ 7月份
│    └─ 水电质量管理协会——QC成果发布赛
├─ 8月份
│    └─ 中国质量协会——全国第二期竞争示范成果比赛
├─ 9月份
│    └─ 国资委——央企优秀QC成果赛
└─ 10月份
     ├─ ICQCC正式赛
     └─ 网公司QC成果赛
```

图 2-9　某电力企业年度 QC 活动计划举例

领域规模大、涉及面广、凝聚力强，被誉为"质量奥林匹克"。相较于其他赛事、ICQCC赛事要注意：要尽快明确备赛计划。在确定参赛成果后，按照倒排工期思路，尽快明确备赛计划，并通过备赛通知发文的形式公布备赛计划和参加人员名单，以便后续开展相关人力资源的调配工作。要尽快落实赛事针对性资源。ICQCC赛事一般采用英文发表，一方面，要组织英文人才选拔；另一方面，应提前完成英文翻译和英文口语辅导方面资源的采购工作，提前做好相应的准备。

ICQCC 备赛计划举例见表 2-15。

表 2-15　　　　　　　　　　ICQCC 备赛计划举例

序号	日期	关键点	工作内容	责任人
	××公司××××年 ICQCC 备赛计划				
1	4月7日	报名	完成系统报名	
2	4月25日前	准备工作	（1）建立"备赛工作群"。 （2）完成备赛计划发文。 （3）以支部联建形式，组织备赛启动会。 （4）完成英文发表人才遴选工作	
3	4月30日前	注册	完成会议注册	
4	5月30日前	录用	查收发表录用通知	
5	6月1—15日	摘要	摘要撰写：各小组按照要求分别撰写摘要	
6	6月15—18日	摘要	摘要撰写辅导：组织专家对各小组的摘要进行审核	
7	6月25日前	摘要	摘要提交前检查：集中复核辅导意见是否修改完成	
8	6月30日前	摘要	提交中英文摘要	
9	7月1—15日	正文	正文撰写：各小组按照要求分别撰写正文	
10	7月15—18日	正文	正文撰写辅导：组织专家对各小组的正文进行审核	
11	7月25日	正文	正文提交前检查：集中复核辅导意见是否修改完成	
12	7月30日前	正文	提交正文	
13	8月2—10日	发表	发表辅导	
14	9月1—10日	发表	第一轮模拟发表（内审）、改进提升及闭环验收	
15	9月20—30日	发表	第二轮模拟发表（外审）、改进提升及闭环验收	
16	10月8—18日	发表	第三轮模拟发表、改进提升及闭环验收	
17	10月25日	发表	确定领队及参赛名单，确认机票酒店预定完毕	
18	10月31日—11月2日	发表	参加正式发表赛	
19	11月10日	总结	组织参赛总结会，梳理总结本次备赛经验	

第五节　人　才　培　养

QC 活动的开展，一方面，能够解决企业的生产问题，改进质量、降低消耗、提高经济效益，助力企业提质增效；另一方面，能够提升员工的技术能力、组织能力、管理协调能力，对企业人才的发掘与培养也有着重大意义。

开展QC活动所遵循的PDCA流程，也可以作为一项发现问题、解决问题、消除问题的基础管理方法，应用到各项工作之中。通过PDCA流程的运用，能够不断提升员工的逻辑思维能力；"头脑风暴法"的运用，进一步开阔了员工的思维、提升了员工的创造性；QC材料的撰写，磨炼了员工良好的文字功底并培养及时总结的习惯；QC成果发布及参赛，锻炼了员工的心理素质、加强了员工的交流与协作。因此，通过QC流程活动的开展，既激发了员工的积极性和创造性，也提升了员工的综合素质，快速促进了员工的成长，以达到为企业培养人才的目的。

通过不断地摸索和实践，提出了以QC活动为基础，全面快速培养人才的SCCO机制，可以帮助企业实现高效的人才输出，如图2-10所示。

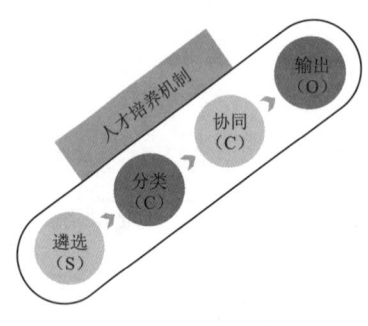

图2-10 SCCO人才培养机制

一、遴选（selection）：遴选QC人才

电力行业基层单位在推进QC活动第一步，是制定课题，组建队伍。而组建一支QC队伍，最重要的就是人才遴选工作，懂业务的表达能力不足，表达能力强的不懂做QC，会做QC的不懂业务……这是基层单位在工作开展中面临的普遍难题。

组建一支QC队伍，不能仅靠业务人员单打独斗，还需要QC专家制定课题方案、纠偏课题方向，需要技术技能类成员进行技术分析，需要熟练掌握办公软件的同事进行制表绘图归纳总结，需要表达能力强的同事进行现场发布、成果展示等。因此可以先进行人才选拔，为后续QC活动的开展打下基础。

上述各类人才可以通过以下渠道进行选拔：①基层单位报送；②员工自主报名；③优秀外语人才；④各业务领域骨干；⑤征文竞赛优秀人才；⑥演讲比赛优秀人才；⑦办公竞赛优秀人才；⑧新闻宣传优秀人才；⑨工会活动积极分子。如图2-11所示。

青年员工在入职的"三年黄金期"是最具活力、最具创造性的，QC活动是培养和发掘"千里马"的最好平台，活动时可以从基层员工中挖掘一切

第五节 人才培养

图 2-11 遴选 QC 人才示意图

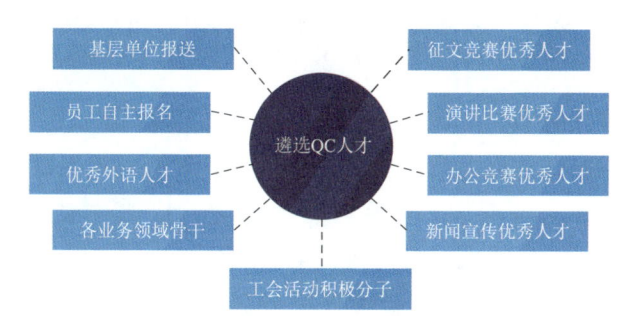

可塑造培养的人才，也给广大基层员工提供一个最具多元化的舞台展现自己。

二、分类（classification）："五类人才"培养策略

因材施教，分类培养。从基层单位遴选出来的各专业领域人才，可以先组织系统性的培训，让各类人才初步掌握 QC 活动知识，形成 QC 活动的基础认知。同时根据 QC 赛事的需要，着重结合员工特长及主观意愿建立"五类人才库"，如图 2-12 所示，分别是 QC 撰写人才库、QC 发表人才库、QC 英文人才库、QC 专家库、QC 柔性团队，进行分类培养。

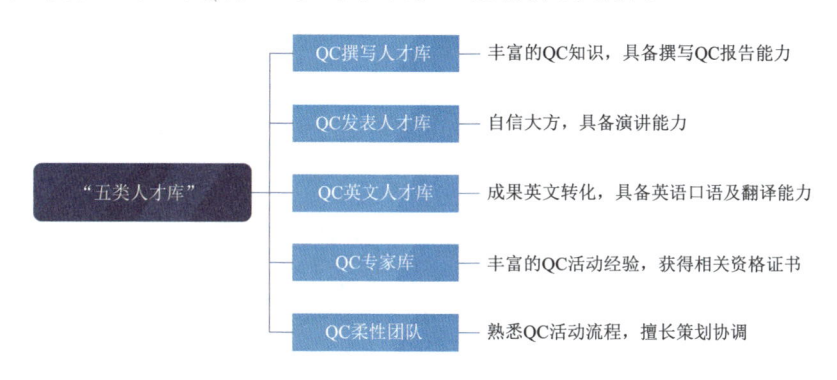

图 2-12 "五类人才库"举例

（一）QC 撰写人才库

QC 撰写人才培养，优先从各业务领域骨干、办公竞赛优秀人才、征文竞赛优秀人才中遴选，除了需要掌握的 QC 活动基本知识外，着重从以下几个方面对其开展培训，培养"QC 撰写人才"需要掌握的专业技能：

39

(1) QC 工具培训。培养员工能够熟练掌握 PDCA、5W1H、因果图、关联图等 QC 工具。

(2) 办公软件培训。开展 Excel 文档编辑、Powerpoint 演示文稿编辑等培训，培养员工熟练掌握各类图表的应用，更直观有效地展现数据。

(3) 写作培训。培养员工撰写报告的能力，构建"框架式"的写作思路，能够对 QC 活动的基础材料进行汇编整理。

如图 2-13 所示，QC 撰写人才库入库条件为：一是经过撰写人才培训并通过考试的员工；二是对于以前完成过 QC 活动撰写的员工，由专家组进行审核，符合条件的纳入 QC 撰写人才库。

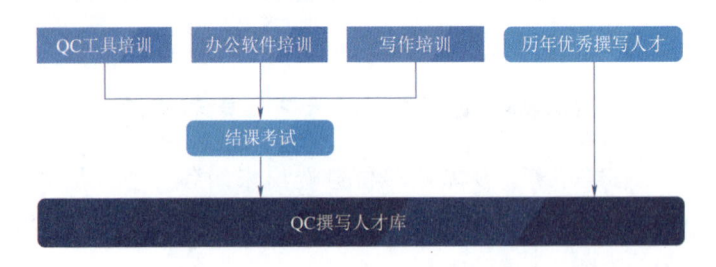

图 2-13　QC 撰写人才库来源

（二）QC 发表人才库

QC 发表人才需要培养员工的综合能力，优先从演讲比赛优秀人才、新闻宣传优秀人才、工会活动积极分子中遴选，除了需要掌握 QC 活动的基本知识外，着重从以下几个方面对其开展培训，培养 QC 发表人才需要掌握的专业技能：

(1) 口才培训。在历年的 QC 活动现场发布中，不乏一些优秀的 QC 成果，受限于现场发布人员讲解不清、介绍缺乏重点，导致部分优秀的成果在评选中得分偏低，课题成果也没有取得预期的成效。现场发布人员是成果介绍最直接的窗口，具备准确、清晰的表达能力是 QC 发表人才的核心要素。

(2) 写作培训。培养员工能够独立完成 QC 文本材料及发布讲稿撰写的能力。仅有好的口才尚不足以完成一场精品的发布，发表人才需要与撰写人才一同参加写作培训，培养写作思维更能促进发布效果的提升。

(3) QC 工具培训。在专家点评环节多会问到现场发布人员对于各类工具的应用策略，需要发布人熟练掌握各类工具的应用，丰富的工具应用也有助于 QC 活动的顺利开展。

（4）礼仪培训。发布人员的形象充分体现了其个人素养和企业形象。对现场发布人员的仪容、仪表、仪态以及手势应用等开展培训，不仅体现了对现场评委、听众的尊重，而且可以帮助现场发布人员提升"战斗力"。

如图 2-14 所示，QC 发表人才入库条件为：一是历届 QC 活动现场发布的"最佳发布人"；二是经过发表人才培训并通过考试的员工，符合条件的纳入 QC 发表人才库。

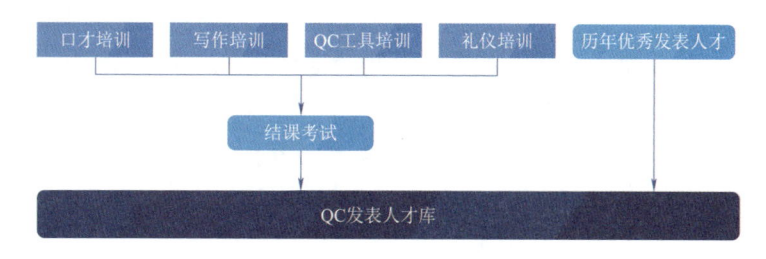

图 2-14　QC 发表人才库来源

（三）QC 英文人才库

QC 英文人才库的建立，除了从具有留学（英语国家）经历的员工中挑选外，优先从大学期间通过大学英语六级考试的员工以及对英语口语感兴趣的员工中遴选，着重从以下几个方面对其开展培训，培养 QC 英文人才需要掌握的专业技能：

（1）专业词汇及材料撰写培训。成立英语学习角，除了常用词汇外，重点开展对电力专业名词、专业术语词汇的学习，形成日常积累学习的模式。同时加强对英语 QC 材料撰写的培训和练习，为后续活动打下基础。

（2）英语口语培训。现有英文人才要加强英语口语的培训和练习，定期与外教开展"去中文"式面对面交流，打造英文语境，快速提升英文人才的口语水平。

如图 2-15 所示，QC 英文人才入库条件为：一是历届 QC 活动现场参与英文发布的发布人；二是经过英文人才培训并通过考试的员工，符合条件的纳入 QC 英文人才库。

（四）QC 专家库

QC 专家库培养，优先从已经持证的员工，以及开展过 QC 活动的员工

第二章　QC 活动体系搭建

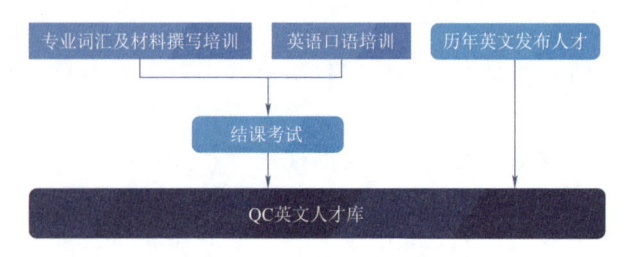

图 2-15　QC 英文人才库来源

中遴选，邀请中国质量协会、水电质量管理协会、省行业协会等质量领域的专家开展 QC 知识进阶培训，先培养一批懂 QC、懂方法的专家团队。

培训后建立三级专家服务团队。

（1）初级专家：已取得初级资质的员工，以及未取得资质认定但经过部门推荐的企业内部专家。

（2）中级专家：已取得中级资质的员工。

（3）高级专家：已取得高级资质的员工。

企业 QC 活动管理部门统筹三级专家，深入各 QC 小组开展 QC 活动。如图 2-16 所示，确保每一个 QC 课题小组至少包含一位初级专家；每三个 QC 课题小组提供一位中级专家给予专业支持；每九个 QC 小组由一位高级专家对其课题成果、现场发布效果提出改进意见。

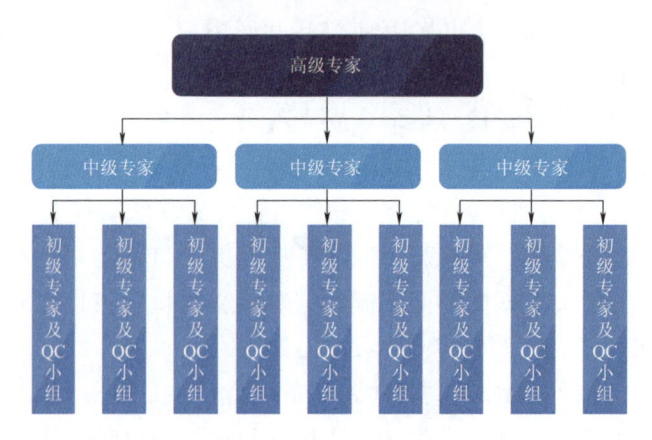

图 2-16　三级专家服务团队示意图

（五）QC 柔性团队

QC 柔性团队培养，侧重于多维度培养员工的综合素养，优先从新闻宣传优秀人才、工会活动积极分子以及其他"斜杠青年"中遴选，除了需要掌握QC活动的基本知识外，着重从以下几个方面对其开展培训，培养QC柔性团队需要掌握的专业技能：

（1）活动策划培训。开展内部员工培训，主要针对活动统筹、组织、策划开展相关培训。主要负责和协助企业内部QC发布的活动策划、组织。

（2）QC活动流程培训。培训员工可以熟练掌握各级赛事的活动流程节点。在QC课题小组申报各级赛事的过程中，辅助各QC活动小组进行报名、缴费、开具发票，以及提交材料等工作，在各QC活动小组外出参赛时做好相关后勤保障工作。

（3）视频制作培训。开展摄影基础培训、脚本专业培训、Pr剪辑技巧、后期制作等培训内容。主要负责协助各QC活动小组制作演示文稿中的视频介绍，提供专业技术支持。

QC柔性团队入库条件为：一是组织策划一场以上企业内部QC发布活动；二是熟练掌握各级赛事的活动流程节点，并服务过三个及以上QC小组参加外部比赛；三是经过企业组织的QC小组人才培训并通过考试的人员。

三、协同（Coordination）：服务人才，在实践中提升综合素质

企业QC活动管理部门要思考：如何在企业中更好地推广QC活动，培养全员质量管理意识？如何在实践中提升QC人员的综合素质？如何在QC活动中更好地培养人才？

首先要了解，QC活动具有明显的自主性和广泛的群众性。QC小组通常是根据课题活动所涉及的范围，由员工自发性组织成立的非正式团体。QC小组成员可包含高层领导、一般管理人员和一线技能人员在内的全体员工，所以企业内任何一名员工都可以作为QC课题的发起人。

企业QC活动管理部门想要实现全面质量管理体系的建设，想要推动QC活动的发展，就要转变思想，树立服务意识。帮助有想法的员工组建QC小组队伍，并给予QC小组相应资源的支持。

例如，员工张三是生产运行人员，他在日常工作中每天都要耗费两个小时去设备场地巡视，检查各项表计有无异常，并进行记录。张三觉得这种做法非常浪费人力资源，他想研制一种"××表计实时监控自动告警装置"，但是要开展该项课题的研究，不仅需要很多其他专业知识，还需要项目资金

第二章　QC活动体系搭建

的支持，所以张三就把这个想法搁置了。过了几年，张三偶然在某技术杂志上看到了有其他单位已经成功研制了该类型产品。

绝大多数质量改进、降本增效的灵感都源于生产一线，为了避免在企业内部有无数个"张三"被埋没，避免有无数个创意被搁浅。企业QC活动管理部门要主动靠前服务，帮助有想法的员工组建队伍，及时将灵感转换成课题，并持续跟进成果转化的进程，才能有效地推进企业全面质量发展。

（1）企业QC活动管理部门首先要面向企业内全体员工征集QC课题；或者由员工主动联系企业QC活动管理部门，提出研发课题的需求。

（2）企业QC活动管理部门按季度（或月度）将汇总的QC课题进行公示，并为课题发起人、"五类人才"和其他员工提供一个双向选择的平台，帮助各QC小组组建队伍，见表2-16。

表2-16　　　　　QC小组招募人才举例

序号	课题名称	发起人	现有成员	现有成员特长	招募成员需求	资金需求	联系方式
1	研制一种"××表计实时监控自动告警装置"	张三	李四	QC专家	QC撰写人员1名	××元	××××
			王五	发表人才	自动化专业1名		
			赵六	二次设备专家	信息专业人员1名		
			刘七	技术人员	QC柔性团队1名		

（3）企业QC活动管理部门主动帮助有资金需求的QC小组与企业内部相关部门沟通，帮助QC小组解决资金需求。

（4）结合实际生产问题，通过完整地开展QC活动，一方面，可以解决问题，提高效率，改进质量；另一方面，能够提升QC人员的技术技能，锻炼其写作、发布能力，从而提升QC人员的综合素质和QC团队的协作能力。

通过企业QC活动管理部门"搭台"，员工"唱戏"的推进模式（图2-17），不仅可以有效地提高QC课题的完成质量，而且能让员工更好地在课题中得到成长。QC小组负责人可以在课题开展中培养组织协调能力；"五类人才"可以通过课题实践将技能转化为效益；小组成员们不仅能在课题活动中互相学习，还能通过课题讨论了解其他专业领域。QC课题的开展给员工提供了一个有目标、有导向的平台，进一步提升员工的综合素质。

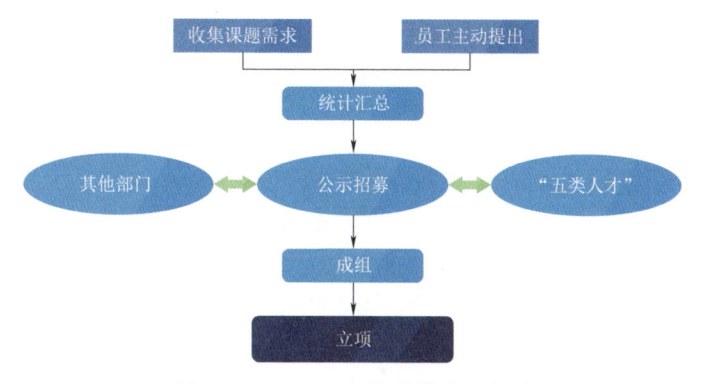

图 2-17　QC 小组推进模式示意图

四、输出（Output）：做好正向激励，并持续向企业输出优秀人才

人才的培养，最终要实现为企业服务，在工作中创造价值。通过 QC 活动培养的优秀人才，要结合企业的实际情况，输送到各个岗位中去，发光发热，为企业、为社会贡献力量。

为了营造全员参与质量管理的良好氛围，让全体员工对 QC 活动持续地保持热情，形成"改进质量—人才培养"的良性循环，企业也要给予 QC 成员相应的激励。

（一）课题成果荣誉激励

对于取得省部级以上奖项的 QC 成果，或者可以对企业的生产经营起到改进产品质量、降本增效效果的 QC 课题，给予企业内部表彰，让小组成员都能感受到来自企业的肯定，为获得荣誉感到自豪。

（二）课题成员荣誉激励

如图 2-17 所示，根据课题完成度、成果应用成效、组织协调能力、活动次数及合理性四个维度对 QC 小组负责人进行评价，授予年度得分最高的 2 名小组负责人"优秀 QC 小组负责人"荣誉称号。

依据"五类人才"各自专业维度开展评价，授予人才队伍中年度得分最高的 2 名五类人才"优秀 QC 撰写人才/QC 发表人才/QC 英文人才/QC 专家/QC 柔性团队成员"荣誉称号。

通过 QC 知识综合评价、办公软件应用水平、QC 文稿撰写水平、演示文稿编辑水平和 QC 发布综合水平五个维度评估对其他小组成员（非小组负责人或在库"五类人才")进行评价(表 2-17),授予年度得分最高的 10 名小组成员"优秀 QC 小组成员"荣誉称号。并吸纳优秀的 QC 小组成员加入"五类人才"队伍。

表 2-17　　QC 小组成员评价举例

序号	被评价人	人才分类	评价维度	权重	QC 管理部门评价 25%	专业部门综合评价 15%	专家组综合评价 40%	小组成员综合评价 20%	总得分
1	张三	QC 小组负责人	课题完成度	35%					
			成果应用成效	15%					
			组织协调能力	40%					
			活动次数及合理性	10%					
2	李四	QC 撰写人才	QC 工具应用水平	15%					
			办公软件应用水平	40%					
			QC 文稿撰写水平	25%					
			演示文稿编辑水平	20%					
3	王五	QC 发表人才	QC 发布综合水平	70%					
			QC 工具应用水平	10%					
			QC 文稿撰写水平	20%					
4	赵六	QC 英文人才	专业词汇水平	40%					
			英语口语水平	40%					
			QC 知识综合评价	20%					
5	孙七	QC 专家	专家综合素养评价	初级 / 中级 / 高级 100%		QC 专家和柔性团队成员仅由 QC 管理部门及小组成员进行评价			
6	周八	QC 柔性团队成员	活动策划水平 / 活动流程掌握度 / 多媒体制作水平	任选其一参评 100%					
7	吴九	QC 小组成员	QC 知识综合评价	30%					
			办公软件应用水平 / QC 文稿撰写水平 / 演示文稿编辑水平 / QC 发布综合水平	任选其一参评 70%					

（三）物质激励

除了精神层面的荣誉激励，物质激励同样是激发员工积极性的有效手段，包括绩效、奖金、带薪年假等福利。适当、合理的物质激励手段更能激发全员参与质量管理的热情。

（四）组织荣誉激励

企业QC活动管理部门对企业内部各单位QC活动的开展情况在活动组织、策划、推进等维度进行评价，评选年度"最佳QC活动组织奖"。授予企业内各单位荣誉称号，更能体现企业对QC活动的重视和支持。

（五）优秀人才输出

大多数的员工从进入企业后，直到退休都是从事原本的专业领域。通过QC活动的开展，有助于企业人才的培养、流动、晋升等，营造人才发展的健康氛围。

企业QC活动管理部门定期将QC活动中发掘的人才推荐给企业人力资源管理部门进行考察，并根据人力资源管理部门考察报告将优秀的人才输送到更能体现员工价值的岗位。

基于"五类人才"为核心的QC人才培养体系，能够持续地从企业内部发掘人才、培养人才、磨炼人才、输出人才。其他员工看到了通过QC活动展现自己并调入其他岗位的同事，更将激发全体员工参加QC活动和争取入选"五类人才"的积极性，并将QC活动推向新的高度。

第三章 QC活动技能提升

第一节 问题解决型课题案例及解读——缩短户外刀闸检修维护安措执行时间

本节选择两个具有代表性的电力行业 QC 课题成果进行解读，解读过程结合课题活动程序的各个步骤开展（问题解决型课题十个步骤，创新型课题八个步骤），解析内容主要包括质量小组活动过程中常见的问题以及注意事项，分析课题特点和值得借鉴的地方，同时指出需要进一步改进之处。在课题活动解析过程中，会介绍相关统计方法，从统计方法的使用到理论以及案例几个方面进行分析，通过这种实践与理论相结合的方式，力求通俗易懂，让初学者能够很快上手。

第一节 问题解决型课题案例及解读
——缩短户外刀闸检修维护安措执行时间

一 "名词解释"展开分析

刀闸维护：刀闸是变电站内常见的设备种类之一，其健康程度直接影响电能是否能够正常传输。刀闸维护工作需要在设备停电的基础上，对刀闸进行清洁和处理，使设备具备健康运行能力，不会在运行过程中出现发热等异常情况，保证电力线路的正常运行和电能的正常传输。

安全措施：安全措施是保证变电站内工作能够正常开展的前提，正确高效的安全措施布置能够有效区分带电区域与停电区，从而保障作业人员的人身安全，是一切工作的基础。根据《中国南方电网有限责任公司 电力安全工作规程 第 1 部分：发电厂和变电站》（Q/CSG 1205056.1—2022）标准要求，设备停电后开展检修工作的一般流程为验电、接地、挂牌、装设围栏等规定动作。

【"名词解释"解读】

名词解释能帮助非专业技术人员更好地理解活动中涉及的专业术语，名词解释可以用一些通俗易懂的语言来表达，比如用生活中常见的生动比喻等来展示，这样可以让非专业技术人员更形象地理解这些名词。例如，在中国质量协会的发表赛中，核电专业的小组成员针对"核反应堆定位误差"这一专业名词，将其比喻成"抓娃娃机"的偏差来解释，让读者生动形象地理解该专业名词的含义。

二、"选择课题"展开分析

一、选择课题

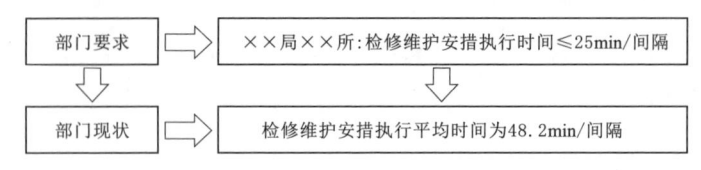

部门要求 ⇒ ××局××所：检修维护安措执行时间≤25min/间隔

部门现状 ⇒ 检修维护安措执行平均时间为48.2min/间隔

月户外刀闸维护工作时间统计表

月份	平均安措执行时间/min
8	47.5
9	46.8
10	51.2
11	48.7
12	46.6
平均值	48.2

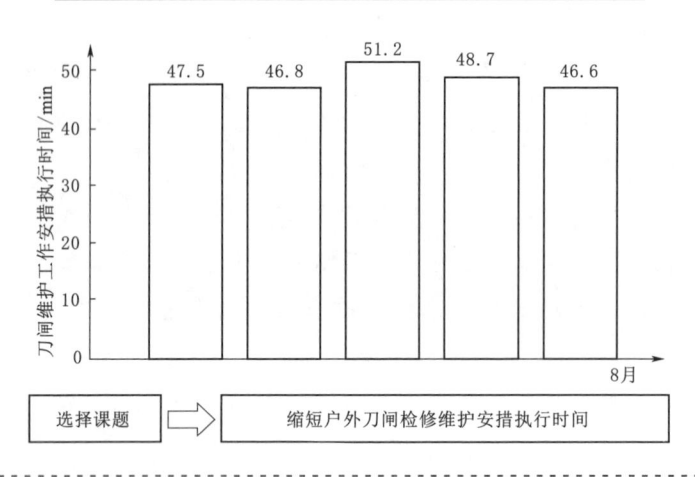

选择课题 ⇒ 缩短户外刀闸检修维护安措执行时间

【"选择课题"解读】

上文以时间作为课题的特征值，在这里要注意，不能直接用效率作为本课题特征值，因为效率是一个很综合性的指标，无法用特定的数值来衡量；课题的名称应简洁明确，一目了然，直接对需要解决的问题进行描述。选题时所选择的数据周期应注意活动前后保持可比性，即如若调研选择的是8—12月共五个月的数据，那么效果检查时的数据，周期长度要保持一致，也需要有五个月的检查数据。

第一节 问题解决型课题案例及解读——缩短户外刀闸检修维护安措执行时间

（一）选择课题注意事项

（1）问题解决型课题选题理由要明确小组当前情况与实际需求的差距，通过数据对比，就可以看出选此课题的目的和必要性。

（2）课题名称设定时要直接，尽可能表达课题的特性值，避免抽象的描述。课题名称设定要抓住三个要素：怎样（如：提高、降低、减少、增加等）＋对象（如：产品、工序、作业过程、作业名称等）＋要解决的问题（如：效率、成本、质量等特性）。

（3）课题的特性值可以考虑以下几个方面：

1）品质，即尺寸、纯度、强度、性能、外观缺陷数。

2）效率，即产量、工数、不合格率、作业时间、加班时间。

3）成本，即损耗费、废料、原材料费、转运率、时间、修理工时、不良合格率。

4）安全，即灾害发生次数、危险场所、事故次数。

5）执行，即出勤率、迟到率、不遵守标准数、合理化建议数等。

（二）选择课题时常见问题

（1）选题缺少数据，没有体现出当前水平和期待水平之间的差距。

（2）选题理由过多，选题不直接。

（3）课题太大，综合性很强，课题不是小组成员力所能及的。

（4）课题名称只是定性描述，选题理由不直接了当，专业技术理论介绍过多。

（三）案例延伸

1. "选择课题"拓展案例1：计量专业"提高计量装置装拆效率"

现状调查中，小组成员对2022年5—7月内更换情况进行统计，得出下表：

日期	计划更换数量	实际更换数量
5月1日	6	4
…	…	…

续表

日期	计划更换数量	实际更换数量
…	…	…
5月31日	6	5
6月1日	5	4
…	…	…
6月30日	5	5
7月1日	7	5
…	…	…
7月31日	7	4
合计	5200	3861

结论：经统计，每月电表更换数量都不能达到计划数量的需求，未满足公司需求，需要提高工作效率，以达到目标。

效果检查中小组成员针对9—11月现场活动效果进行检查验证，使用新型工器具进行低压带电作业，并统计每月装拆电表合格率。

日期	计划装拆电表	实际装拆电表	完成率/%
2023年9月	1700	1436	84.4
2023年10月	2100	1978	94.2
2023年11月	1900	1823	85.6
合计	5700	5237	91.88

评价：上述案例以计量装置的拆装效率作为课题，选题中调研的数据是更换数量，与课题不相关，数据不直接。在实际做法中应该调研目前的拆装效率是多少，与公司要求的差距是多少，这点需要明确，才能体现选题理由充分。不过，该案例中选题调查的数据是5—7月三个月的数据，效果检查中是9—11月三个月的数据，前后的周期保持一致这点值得肯定。在这里需要注意的是，如果选题与气候、温度、湿度相关的话，则选题调查的月份应与效果检查的月份保持一致，如选题调查的数据是2023年4—6月（梅雨季节），则效果检查时，不能选择2023年下半年其他月份的数据，而是要选择2024年4—6月（梅雨季节）的数据。

第一节 问题解决型课题案例及解读——缩短户外刀闸检修维护安措执行时间

2."选择课题"拓展案例2：高压试验专业"提高GIS局放试验的工作效率"

小组随机选取2022年1月—2022年4月期间，高压试验二班对20个不同变电站的GIS局放试验工作时间。

序号	工作场站	日期	工作时间/min
1	××	1月11日	118.1
2	××	1月11日	147.2
3	××	2月15日	145.4
4	××	2月20日	108.3
5	××	2月21日	162.7
6	××	2月24日	133.4
7	××	3月1日	139.2
8	××	3月3日	145.6
9	××	3月16日	154.0
10	××	3月16日	130.6
11	××	3月17日	147.7
12	××	3月17日	128.0
13	××	3月20日	123.2
14	××	3月22日	129.3
15	××	3月22日	132.5
16	××	3月29日	142.9
17	××	4月1日	108.5
18	××	4月10日	117.6
19	××	4月11日	116.6
20	××	4月14日	130.3
平均时间/min			133.1

评价：上述案例中，小组成员调研了1—4月的工作时间后，却选择以提高工作效率作为课题，调研的数据（工作时间）与课题中（工作效率）并不是同个内容。同时，选择课题过大，效率是一个很综合性的指标，时间、产量等都可以作为效率的衡量指标，除非对效率有一个明确的定义，才能将效率作为课题。

三、"现状调查"展开分析

二、现状调查

（一）对安措执行进行统计

刀闸维护安措执行时间统计

月份	安措执行总次数	平均安措执行时间/min	安措超时执行次数	超时安措执行总时间/min
8	46	47.5	42	2041.2
9	45	46.8	41	1951.6
10	38	51.2	36	1882.8
11	49	48.7	45	2218.5
12	51	46.6	49	2342.2
合计	229	—	213	10436.3
平均值	—	48.2	—	—

（二）对数据进行分层

分层一：对安措超时执行分层统计

安措超时执行分层统计表

序号	流程	执行总时间/min	执行平均时间/min	百分比/%	累计百分比/%
1	操作	873.3	4.1	8.4	8.4
2	许可	419.5	2.0	4.0	12.4
3	布置安措	8775.6	41.2	84.1	96.5
4	其他	367.9	1.7	3.5	100
合计	—	10436.3	—	100	—

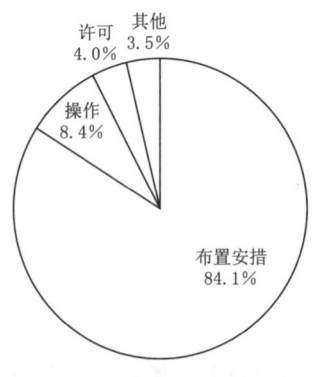

安措超时执行分层统计图

第一节 问题解决型课题案例及解读——缩短户外刀闸检修维护安措执行时间

分层二：对布置安措分层统计

布置安措分层统计表

序号	作业流程	执行总时间/min	执行平均时间/min	百分比/%	累计百分比/%
1	验电	415.8	2.0	4.4	4.4
2	接地	7257.5	34.1	82.8	87.2
3	挂牌	297.2	1.4	3.5	90.7
4	装设围栏	805.1	3.7	9.3	100
合计	—	8775.6	—	100	—

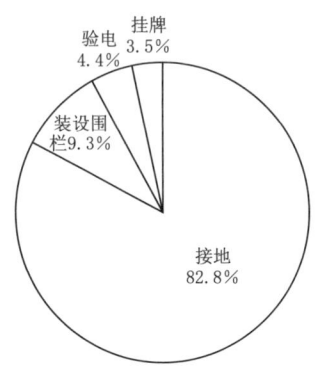

安措超时执行分层统计图

根据以上分层分析结果，安措布置中接地操作占安措布置耗时的82.8%，是影响安措布置工作的最大因素，因此，接地时间长是症结所在。

（三）症结解决程度分析

1. 历史最好水平

小组调研了8—12月最短的安措执行耗时以及症结接地耗时，最短耗时均达到部门要求，见下表。其中9月最短的安措执行耗时为15.9min，接地耗时为9.6min。

历 史 最 好 水 平

月份	最短的安措执行耗时/min	接地耗时/min	症结占比/%
8	18.3	12.0	65.7
9	15.9	9.6	60.4
10	21.2	13.6	64.1
11	22.3	13.9	62.3
12	20.2	13.2	65.3

2. 目标设定依据

从历史最好水平数据可以发现，9月最短的安措执行耗时为15.9min，对应的症结最短时间为9.6min，为目前平均水平的（34.1－9.6）÷34.1＝71.8%。因此，对比历史最好水平，小组严格按照QC活动各项步骤流程，小组成员有能力将主要症结接地操作时间缩短至原来的71.8%，因此作业时间理论可达

48.2（安措执行总时间）－34.1×71.8%（接地耗时症结的解决程度）＝23.7（min）

【"现状调查"解读】

上文中，现状调查的目的是通过分层整理，找到选题中差距的症结，然后对症结进行测算，为目标设定提供依据和支撑。本课题中分析并统计了"超时安措执行"的数据，对其按照流程进行分层，得到"布置安措"的时间最长，然后对"布置安措"进一步分层，得到"接地"的耗时最长，课题通过2次分层分析得到"接地"操作耗时占安措布置耗时的82.8%，是影响安措布置工作的最大因素。找到症结后开始对症结进行测算，为目标设定提供依据，在使用过程中应注意工具的使用。

（一）现状调查注意事项

（1）现状调查中需要用"数据"说话，准则中对"数据"有四个方面的要求：客观性、全面性、时效性、可比性，具体解读如下：

1) 客观性：不能只收集对自己课题有利的数据。

2) 全面性：要可以展示问题的全貌，不能只收集片面的数据。

3) 时效性：要收集最近的数据，收集近三个周期的数据。

4) 可比性：改进后能反映出变化程度，目标前后可进行对比。

（2）现状调查的流程是：收集数据—分层整理—分析—找症结（关键的少数）—确定改进方向程度，分层可从人、机、料、法、环、测等多个方面考虑，具体可参考如下：

1) 人员：可按照年龄、工级和性别等分层。

2) 机器：可按设备类型、新旧程度、不同的生产线和工器具类型等分层。

3) 材料：可按材料的产地、批次、制造厂家、产品规格、材料成分等分层。

第一节　问题解决型课题案例及解读——缩短户外刀闸检修维护安措执行时间

4）方法：可按不同的工艺要求、操作参数、操作方法、生产速度等分层。

5）测量：可按测量设备、测量方法、测量人员、测量取样方法等分层。

6）时间：可按不同的班次、日期等分层。

7）环境：可按照明度、清洁度、温度、湿度等分层。

8）其他：可按地区、使用条件、不合格部位、不合格内容等分层。

（二）现状调查常见问题

(1) 收集数据不全面或不客观。

(2) 对现状调查取得的数据没有进行整理、分层。

(3) 对于问题的分解只有定性分析（如质量太差、品质不佳等），没有定量分析（缺少客观数据）。

(4) 收集的数据不是课题当前状态的数据，而是小组成员根据经验分析出的数据。

(5) 分层的内容是原因的分层（"分层时指出是由什么原因造成，将占比大的原因作为症结"这种做法是不对的，因为后文还会有原因分析的环节，此处是整理并对客观数据进行分层），而不是客观数据的分层。

(6) 电力行业中关于提高效率的课题，很多课题把流程中的某一步骤操作时间长作为症结分析，但是时间长不一定是症结，这样分析不合时宜。

(7) 工具的使用不正确，如排列图、饼图、折线图等使用不规范。

(8) 论证症结的解决程度依据不充分，例如常见描述中的"如果解决症结的80%……"，此类表达常常用"假设"来验证能解决的程度，缺少理论依据。如果采用下述写法会更具说服力："主网曾用××方式进行作业，解决了症结的85%，而配网中的课题与主网相比，只是电压等级不同，也同样可以用××方式进行作业，那么理论上也能解决症结的85%。"

（三）案例延伸

1. "现状调查"拓展案例1：高压试验专业"提高GIS局放试验的工作效率"

通过比较GIS局放试验中的不同项目耗时，我们发现传感器放置时间长是导致"GIS局放试验耗时长"的关键症结。对标××单位，其在GIS局放试验中的"传感器放置"时长仅为本单位的48%（46.6/95.4）。因此，若将关

59

键症结"传感器放置"时长缩短至原来的48%，则局放试验时间在理论上可缩短至3.7＋1.8＋46.6＋30.8＋1.3＝84.2（min）。

评价：以上案例症结的解决程度测算过程较为主观，缺少客观的依据，采用"若""假如"等主观的描述，缺少依据。

2."现状调查"拓展案例2：配电专业"提高配网线路自愈动作成功率"

《配电网自动化实用化评价指标体系（2021版）》中已经将自动化快速复电成效列为一类指标。2021年××配电线路瞬时和永久故障合计420次，正确动作410次，不正确动作10次，正确动作率97.62%。2021年78次永久故障中18次涉及自愈线路故障后触发自愈启动条件，自愈成功动作3次，15次动作不成功，自愈动作成功率16.67%，远低于××市各县区局平均值，排在各县区局末位，影响快速复电效率。

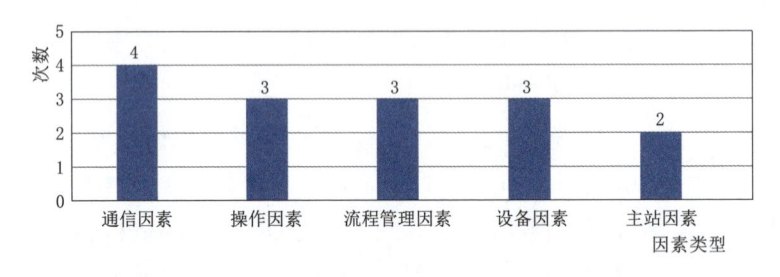

自愈动作不成功原因分布

通过对2021年来15次自愈动作不成功数据的分析，通信因素4次、操作因素3次、流程管理因素3次、设备因素3次、主站因素2次，其中通信因素、操作因素、流程管理因素、设备因素为主观因素占总数86.67%，自愈动作不成功大概率由现场运维不到位造成。因此小组把本次课题确定为提高配网线路自愈动作成功率。

评价：问题解决型课题选题理由，是通过寻找当前现状与实际需求（上级指标、相关标准等）的差距，通过数据进行对比，体现选此课题的目的和必要性。正确的做法是：通过现状调查层层分析，找到症结后确定课题，再针对症结进行原因分析及确定主要原因。该小组错误的做法是：先进行原因分析，通过分析原因找到主要原因，找到主要原因后才确定课题，前后逻辑错误。

四、"设定目标"展开分析

三、设定目标

我们小组讨论决定,本次 QC 活动的目标为:将户外刀闸检修维护安措执行时间缩短为 24min。

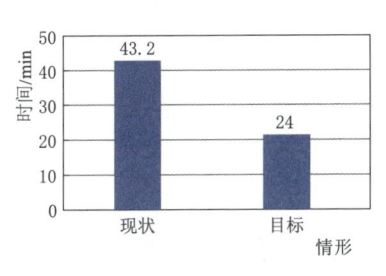

小组目标

【"设定目标"解读】

问题解决型课题设定目标可选择以同行业单位的先进水平或历史最好水平作为依据进行测算,测算后留有裕度再设定目标。上文目标设定时,依据前文测算的时间 23.7min,放宽裕度后设定为 24min。

(一) 设定目标注意事项

(1) 设定目标过程中,应确保"课题""选题理由""目标值"保持一致性。

(2) 目标不宜多,设定一个目标较为常见,一般不超过两个。

(3) 目标用数据说话,可量化、可检查。

(4) 目标设定可依据国内外同行及组织(非小组)的最佳水平。

(5) 目标设定依据,自定目标测算后保留裕度来设定目标(如:经测算后,操作时间低于 14.6min,则设定目标时可放宽裕度,可将操作时间设为小于 15min)。

(二) 设定目标常见问题

(1) 自定目标值的依据,不是根据现状调查,找出课题症结后,预计其解决的程度,进行测算,再将测算值留有裕度后设定为目标值。而是根据经验先设定目标,再倒推出症结可解决的程度(用目标来反推解决程度)。

（2）自定目标值的测算过程中，除了对症结预计其解决程度外，还将症结之外的排在第二位的具体问题也进行测算。

（3）对于指令性目标课题，将可行性论证与现状调查相混淆，用指令性目标值直接推算课题症结的解决程度，而不考虑症结以外的其他问题。

五、"原因分析"展开分析

四、原因分析

小组针对症结，针对"接地操作时间长"的环节耗时过长的问题进行了讨论，绘制原因分析树图，结果如下图。

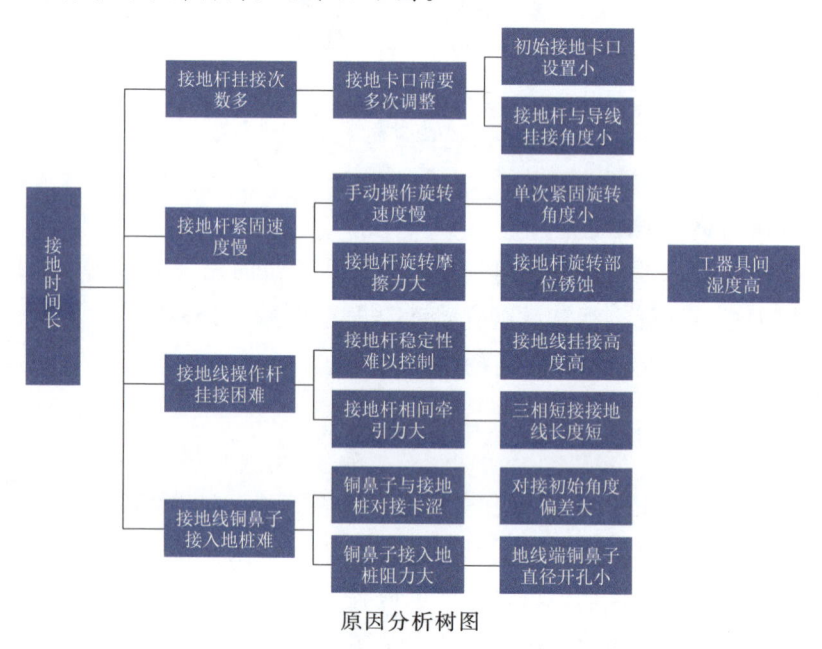

原因分析树图

【"原因分析"解读】

上文针对"接地时间长"这个症结进行分析，用树图分析得出 8 个末端因素，在分析过程部分因素的逻辑关系不清晰，比如"接地杆相间牵引力大"与"三相短接接地线长度短"没有严谨的因果逻辑关系，中间缺少一层逻辑关系，"接地杆稳定性难以控制"与"接地线挂接高度高"也没有严格的逻辑关系。

（一）原因分析注意事项

（1）原因分析要分析彻底，要分析到末端原因（即分析到很具体、不抽象、

第一节 问题解决型课题案例及解读——缩短户外刀闸检修维护安措执行时间

可以进行确认、可以直接采取对策为止),比如"设计不合理"的描述未分析到末端(如:设计不合理是因为长度过长或衔接处厚度不足等),需要进一步分析。

(2) 在原因分析过程中要求因果关系清晰、逻辑关系紧密。

(3) 原因分析过程中搞清楚问题、症结、原因、末端原因之间的关系。

(4) 尽量不要从制度、组织架构、天气等方面进行分析,因为这些末端因素不是小组能力范围内能解决的。

(5) 原因分析常用的工具:因果图、树图、关联图。

(二) 原因分析常见问题

(1) 原因分析错误表现为对课题进行分析。正确的做法是:小组成员在已找出症结的情况下,应对找出的症结进行分析,而非针对课题分析原因(即因果图、树图或关联图的第一级内容应为症结,而非课题名称)。

(2) 分析原因未能展示原因全貌。

(3) 分析原因未分析到真正的末端原因。

(4) 原因之间的逻辑关系混乱,因果关系颠倒,或者没有因果关系。

(5) 原因分析统计方法运用不正确。

(三) 案例延伸

1. "原因分析"拓展案例 1:配电专业"提高 10kV 电缆线路一次验收合格率"

电缆头制作不合格	人员	施工工艺、验收不到位	缺乏规范电缆头制作施工技能	人员电缆头制作技能水平不足	人员电缆头制作技能培训不足
	设备	电缆终端绝缘不足	电缆终端安装偏差	终端安装基准线定位偏差	标尺检定误差
		电缆绝缘、耐压强度不足	电缆绝缘、耐压试验结果有误差	试验工器具测量误差	
		电缆施工问题判断错误	未使用工具验收电缆	验收所需工具配置不足	
	材料	使用不匹配的电缆附件	电缆附件参数不达标	电缆附件不合格	
	方法	传统过程验收方式存在不足	过程验收缺陷检出量低	缺少专业的缺陷检出工具	
	环境	电缆绝缘不足	电缆层绝缘头或者中间头混有水分	施工现场空气湿度不合格	

第三章　QC活动技能提升

评价：上述案例中从人、机、料、法、环五个维度分析，最终得到七个末端因素。如果仔细对每个末端因素进行推敲，会发现每一个末端因素都无法直接采取对策。比如说"试验器具测量误差"这个末端因描述不具体且无法直接采取对策；同时，前一级原因采用顿号隔开，是两个原因，不能合并到一起，另外"电缆绝缘强度不足"和"电缆绝缘试验结果有误差"并没有直接的因果逻辑关系。"设备"和"环境"在因果分析过程中的下一级原因均为"绝缘强度不足"，说明这两个因素有因果链交叉，如果有交叉，应该采用关联图进行分析。

2. "原因分析"拓展案例2：营销专业"降低供电服务热线客户呼叫率"

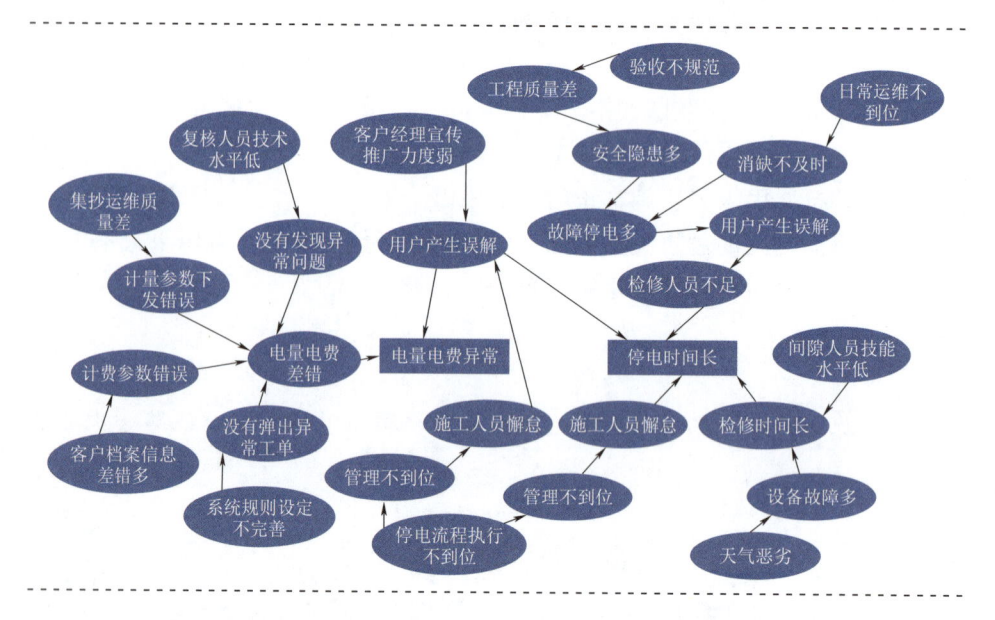

评价：上述案例中确定了电量电费异常和停电时间长两个症结，并且两个症结因果关系中存在关联，因此采用关联图分析，工具使用正确。但是分析过程中部分末端因素未分析到末端，不能直接收集数据和采取对策，比如"日常运维不到位""验收不规范""停电流程执行不到位"等因素均未分析到末端，还有一些因素没有直接因果关系，如没有发现异常问题导致电量电费差错。

3. "原因分析"拓展案例3：供服专业"提高增值服务工单商机审核及时率"

根据现场实际，小组成员运用"头脑风暴法"，从人、机、料、法、环五个方面，对造成增值服务工单商机审核环节超时的原因进行分析，并绘制

第一节　问题解决型课题案例及解读——缩短户外刀闸检修维护安措执行时间

因果树状图如下：

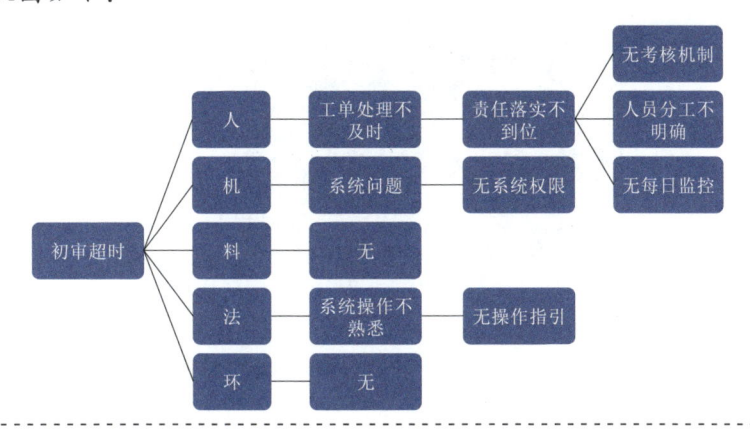

```
                    ┌─ 人 ─┬─ 工单处理不及时 ─┬─ 责任落实不到位 ─┬─ 无考核机制
                    │      │                  │                  └─ 人员分工不明确
                    │      │                  └─ 无每日监控
                    │
            初审超时├─ 机 ─── 系统问题 ─── 无系统权限
                    │
                    ├─ 料 ─── 无
                    │
                    ├─ 法 ─── 系统操作不熟悉 ─── 无操作指引
                    │
                    └─ 环 ─── 无
```

评价：小组成员经过分析得出"增值服务工单商机审核环节超时"是课题的症结，对症结从人、机、料、法、环几个方面分析，分析过程较为随意，上下层级没有严格的逻辑关系，如人、机、料、法、环中找不到下一级原因的"料"和"环"，可以不用体现在图中。原因分析的过程需要小组成员深入现场，根据实际情况讨论和思考，找到可能影响症结的所有末端原因。

六、"确定主要原因"展开分析

（此处选择两个具有代表性的末端因素进行分析，其他末端因素分析过程省略）

初始接地卡口设置小要因确认表

确认一：初始接地卡口设置小					
确认内容	"初始接地卡口设置小"对症结"接地操作时间长"的影响程度				
确认时间	2023年4月20日	确认方法	现场测量、试验	确认人	××
确认过程	（1）现场测量：小组成员随机抽取不同变电站10组接地线并测量卡口间距的设置，接地线间距如下表所示，间距最小值为15.8mm，间距最大值为21.6mm。				
^^	**接地操作杆初始卡口间距调查表**				
^^	接地线编号	♯1	♯2	♯3	♯4	♯5
^^	间距/mm	15.8	18.1	17.2	20.1	21.3
^^	接地线编号	♯6	♯7	♯8	♯9	♯10
^^	间距/mm	18.4	17.6	18.2	17.1	21.6

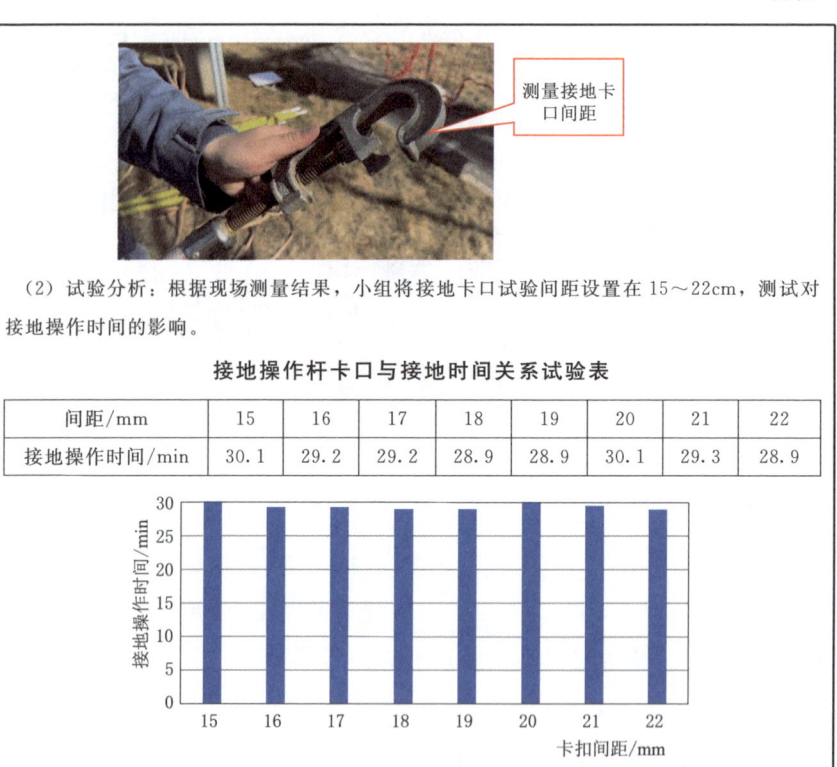

续表

确认过程	(2) 试验分析：根据现场测量结果，小组将接地卡口试验间距设置在 15～22cm，测试对接地操作时间的影响。 **接地操作杆卡口与接地时间关系试验表** | 间距/mm	15	16	17	18	19	20	21	22
接地操作时间/min	30.1	29.2	29.2	28.9	28.9	30.1	29.3	28.9	
---	---
确认结果	小组通过现场测量和试验分析，不同卡口间距对接地操作时间影响较小，由此可见卡口间距对于问题症结没有明显影响，是非要因
确认结论	非要因

接地杆与导线挂接角度小要因确认情况表

确认二：接地杆与导线挂接角度小			
确认内容	"接地杆与导线挂接角度小"对症结"接地操作时间长"的影响程度		
确认时间	2023 年 4 月 25 日	确认方法	现场测量、试验	确认人	××
确认过程	(1) 现场测量：接地操作过程中，接地杆与导线挂接角度 θ（接地杆方向与挂点切线夹角）会对接地时长产生一定影响，QC 小组随机调研了 10 个变电站接地线挂点的地线挂接角度，如下表所示，最大角度 82°，最小角度 62°。 **接地杆与导线挂接角度调查表** | 变电站	地点 1	地点 2	地点 3	地点 4	地点 5
---	---	---	---	---	---
挂接角度 θ	63°	65°	70°	62°	64°
变电站	地点 6	地点 7	地点 8	地点 9	地点 10
挂接角度 θ	75°	78°	67°	82°	68°	

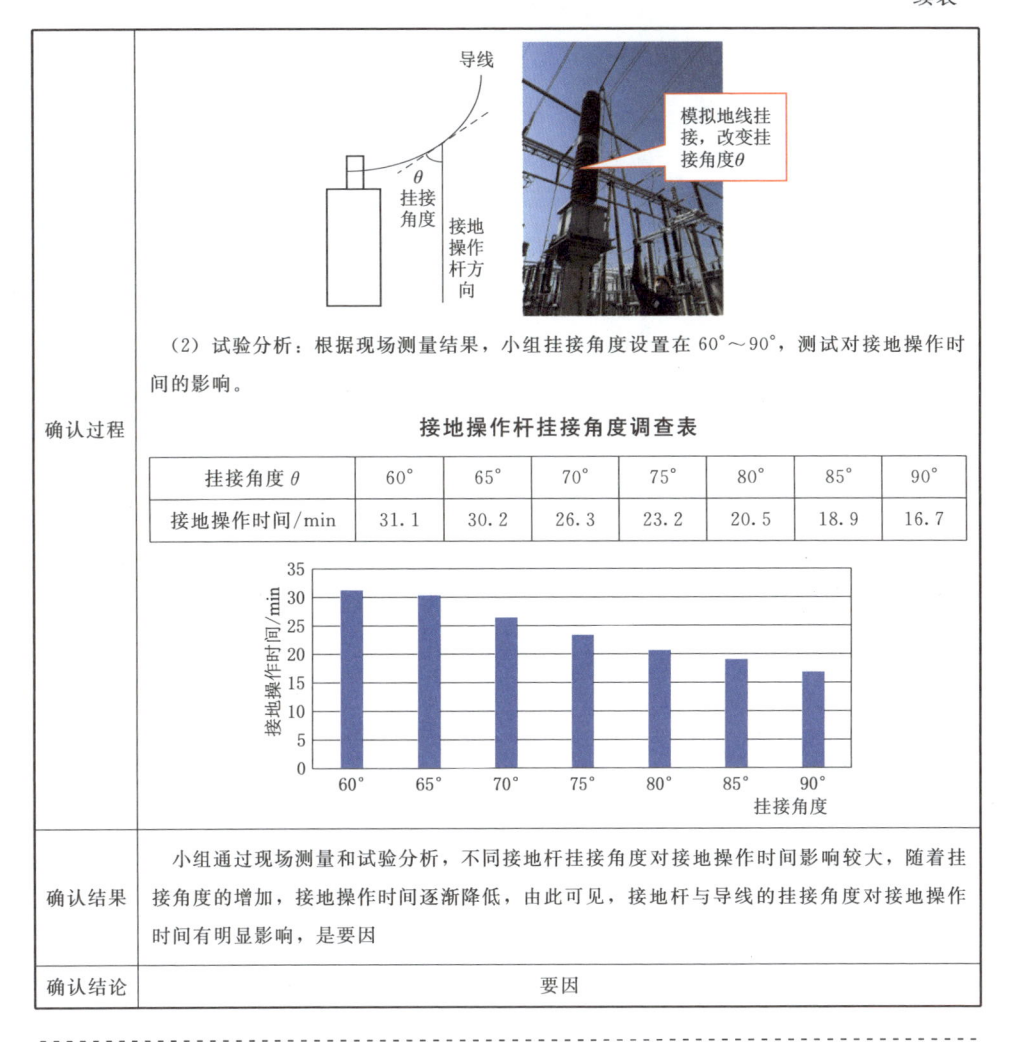

第一节 问题解决型课题案例及解读——缩短户外刀闸检修维护安措执行时间

续表

| 确认过程 | （2）试验分析：根据现场测量结果，小组挂接角度设置在60°～90°，测试对接地操作时间的影响。

接地操作杆挂接角度调查表

挂接角度 θ	60°	65°	70°	75°	80°	85°	90°
接地操作时间/min	31.1	30.2	26.3	23.2	20.5	18.9	16.7

|
|---|---|
| 确认结果 | 小组通过现场测量和试验分析，不同接地杆挂接角度对接地操作时间影响较大，随着挂接角度的增加，接地操作时间逐渐降低，由此可见，接地杆与导线的挂接角度对接地操作时间有明显影响，是要因 |
| 确认结论 | 要因 |

【"确定主要原因"解读】

针对上文8个末端因素，采用现场测量或者试验的方法分析末端因素对症结的影响程度，从而判断该因素是否为要因。

（一）确定主要原因注意事项

（1）应根据它对所分析问题或症结的影响程度大小来确定是否为要因，不能仅与现有工艺标准、操作规程要求进行比较，也不能根据它是否容易解决来确定原因。

(2) 末端因素要逐条确认，可制定要因确认计划，按计划分工实施，逐条确认。

(二) 确定主要原因常见问题

(1) 缺少客观数据，仅进行定性分析和理论推导，先凭经验将全部末端原因区分为要因和非要因；要因确认中的数据较充分，非要因的确认则无数据或少数据。

(2) 未按照末端原因对症结的影响程度来确认，只将末端原因的数据与确认标准比较，符合标准即为非要因，不符合标准即为要因；按末端原因的占比来判断是否为要因。

(3) 在分析末端原因对问题或问题症结的影响程度时产生混乱：收集的是末端原因和课题的数据，却说成是末端原因对症结的影响程度。

(4) 方法运用不恰当、不正确。如用直方图、控制图、散布图（30组），散布图不能确认是否为要因还是非要因，只能看相关性。极差不能判断为要因。

(5) 要因确认的内容和末端原因不一致。

(三) 案例延伸

1. "确定主要原因"拓展案例1：电源专业"减少绝缘检测装置验收时长"

确认五：电阻阻值标识缺失					
确认内容	"电阻阻值标识缺失"对症结"支路接地检查时间长"的影响程度				
确认时间	2022年8月20日	确认方法	查阅资料现场验证	确认人	××
确认过程	为确认电阻阻值无标识是否对"支路接地检查时间长"这一症结产生明显影响，现场测试5个没有给电阻标识的变电站直流系统绝缘检测装置验收工作过程，统计结果见下表。				
^	序号	对象	日期	无电阻值标识 /min	有电阻值标识 /min
^	1	110kV××站	8月5日	211.2	208.6
^	2	110kV××站	8月5日	229.6	226.8
^	3	110kV××站	8月6日	209.3	215.4
^	4	110kV××站	8月6日	205.7	211.2
^	5	110kV××站	8月7日	211.4	220.5

第一节 问题解决型课题案例及解读——缩短户外刀闸检修维护安措执行时间

续表

确认过程	序号	对象	日期	无电阻值标识 /min	有电阻值标识 /min
	6	110kV ××站	8月5日	219.3	201.2
	7	110kV ××站	8月6日	201.1	221.4
	8	110kV ××站	8月7日	221.4	216.1
	9	110kV ××站	8月5日	211.2	218.2
	10	110kV ××站	8月6日	221.6	221.3
	平均时长/min			214.2	216
	制表人：×× 制表时间：2022年8月20日				
确认结果	$R = \dfrac{216 - 214.2}{216} \times 100\% = 1.2\%$ 由测试数据可知，电阻有无标识的支路接地检查时长相对极差为1.2%，因此判断电阻阻值标识缺失对"症结"影响较小				
确认结论	非要因				

评价：上述案例中用极差的方式来确定是否为要因，不合时宜，确认是否为要因唯一的办法是：根据问题或症结的影响程度大小来确定是否为要因，可以采用现场测量、试验方法获取数据，来判断对症结的影响程度，从而确认是否为要因。

2. "确定主要原因"拓展案例2：运行专业"缩短刀闸维护安措执行时间"

	确认二：接地杆与导线挂接角度小				
确认内容	"接地杆与导线挂接角度小"对症结"接地操作时间长"的影响程度				
确认时间	2023年8月19日	确认方法	数据统计	确认人	××
确认过程	接地操作过程中，接地杆与导线挂接角度θ（接地杆方向与挂点切线夹角）会对接地时长产生一定影响，QC小组选取几组不同挂接角度，使用同一操作杆来测试接地操作时长，如下表所示：				

69

续表

	序号	$\theta/(°)$	接地操作时间/min	序号	卡口间距/mm	接地操作时间/min
确认过程	1	15	35.1	21	75	23.9
	2	18	34.7	22	78	21.3
	3	21	32.2	23	81	20.9
	4	24	30.6	24	84	16.3
	5	27	29.9	25	87	15.8
	6	30	29.4	26	90	15.1
	7	33	29.4	27	93	15.4
	8	36	29.3	28	96	16.2
	9	39	29.1	29	99	18.9
	10	42	28.9	30	102	22.3
	11	45	28.6	31	105	25.5
	12	48	28.5	32	108	26.2
	13	51	28.1	33	111	26.3
	14	54	27.8	34	114	26.8
	15	57	27.8	35	117	27.4
	16	60	27.2	36	120	28.1
	17	63	26.3	37	123	28.9
	18	66	26.6	38	126	29.3
	19	69	24.5	39	129	29.2
	20	72	24.1	40	132	29.8
确认结果	接地杆与导线挂接角度和接地线操作时间散点图 通过对上述40组数据进行散点图分析,挂接角度与接地线操作时间关系存在明显拐点,对散点图进行回归分析,得到相关系数 $y=0.0032x^2-0.5309x+43.944$, $R^2=0.6399>0.5$,由此可见接地杆与导线挂接角度对于问题症结起到主要影响						
确认结论	要因					

评价:上述案例中用散点图的方式来确定是否为要因,这种方式也是不合时宜的,散点图只能判断是否为相关性,不能判断是否为要因,应该根据问题或症结的影响程度大小来确定是否为要因。

第一节 问题解决型课题案例及解读——缩短户外刀闸检修维护安措执行时间

3. "确定主要原因"拓展案例 3：供应链专业"提高智能仓出库效率"

确认四	物资重量分配不当			
确认时间	2022年8月16日	确认人	××	确认地点	××仓库
确认方法	现场调查	标准	每盘物资重量≤1.5t		
确认内容	现场抽检 30 盘托盘物资约 5 种物资重量，结果如下表： 	物资品类	电缆附件	金具铁件	10kV隔离开关	10kV避雷器	10kV真空柱上断路器自动化成套设备 | |---|---|---|---|---|---| | 重量/t | 0.01 | 0.02 | 0.036 | 0.02 | 0.5 | | 每盘放置数量 | 50箱 | 50箱 | 30箱 | 50箱 | 1套（4件） | | 总重量/t | 0.5 | 1 | 1.08 | 1 | 0.5 | 结论：现场抽检 30 盘托盘物资约 5 种物资的重量，均不超过 1.5t，满足要求			
确认结果	非要因			

注：上表格内容为：

物资品类	电缆附件	金具铁件	10kV隔离开关	10kV避雷器	10kV真空柱上断路器自动化成套设备
重量/t	0.01	0.02	0.036	0.02	0.5
每盘放置数量	50箱	50箱	30箱	50箱	1套（4件）
总重量/t	0.5	1	1.08	1	0.5

评价：小组找到了物资重量分配不当这个末端原因，这个原因并没有分析到末端，无法直接采取措施。另外在确定末端原因过程中采用对标的方法来确定是否为要因不合时宜。要因的确认方法有且只有一种，就是以对症结的影响程度来确定是否为要因。

4. "确定主要原因"拓展案例 4：配电专业"提升 10kV 配电电缆线路验收合格率"

确认九	验收流程制度不完备			
确认时间	2022年8月1日	确认人	××	确认地点	施工现场
确认方法	资料检查	标准	验收流程制度完整、合理、高效		
确认内容	检查验收记录发现现有验收主要集中于竣工验收，过程验收较少，且验收人员主要借助电缆验收作业表单进行施工验收，验收效果低，验收流程未形成 PDCA 闭环，验收流程制度不完备。 结论：验收流程存在缺陷，不满足要求			
确认结果	要因			

71

评价:"流程制度不完善"并不能直接采取措施,作为末端原因不合时宜,也无法直接确认。在寻找末端原因的过程中,去现场工作中寻找真正的末端原因,在确认要因的时候通过采用现场测量、试验或调查分析的方式,来验证末端因素对症结的影响程度,从而判断是否为要因。

七、"制定对策"展开分析

针对确定的两个主要原因,小组对主要原因进一步深入综合论证分析,并严格按照5W1H原则制定了对策表,见下表:

序号	要因	对策	目标	措施	负责人	地点	完成时间
1	单次紧固旋转角度小	设计并制作旋转操作工具增加旋转角度	操作工具扭矩 >80N·m	(1) 结构及尺寸设计	—	—	2023年6月21日
				(2) 装置制作及安装	—	—	2023年6月22日
				(3) 效果测试及负面评价	—	—	2023年6月22日
2	对接初始角度偏差大	设计接地挂锁消除角度偏差	接地端回路电阻 <0.1Ω	(1) 设计接地挂锁结构和尺寸	—	—	2023年6月23日
				(2) 接地挂锁制作与安装	—	—	2023年6月24日
				(3) 效果测试及负面评价	—	—	2023年6月25日—2023年6月26日
3	接地杆与导线挂接角度小	设计并制作挂接线板增加挂接角度	承载重量能够 >30kg	(1) 设计并制作接线板	—	—	2023年6月27日
				(2) 安装并测试接线板	—	—	2023年6月28日—2023年6月29日
				(3) 效果测试及负面评价	—	—	2023年6月30日

【"制定对策"解读】

上文中,将"确定主要原因"中的三个要因,列入对策表中的"要因"一栏,并根据要因制定相应对策。对策表中的目标,是针对每一条对策实施后要达到什么样的效果而设置的目标,而非课题前文提及的整个课题的目标。同时,对策表中的措施,则是对策的具体措施。

(一)制定对策原因常见问题

(1)对策目标只是定性描述,不可测量或者检查,有的是用课题总目标直接替代对策目标,或者将课题目标分阶段作为对策目标,导致逻辑混乱。

(2)对策目标不可测量、不可检查。

(3) 对策措施不分，对策不简练，措施不具体，目标不可测量或者为课题目标（措施是实现的步骤，要有可操作性，对策描述的是实施的方法不是目的）。

(4) 5W1H 对策表不完善。

(5) 对策表与后文对策实施活动时间冲突、不一致。

(二) 案例延伸

"制定对策"拓展案例 1：电源专业"减少绝缘监测装置验收时长"

序号	要因	对策	目标	措施	负责人	地点	完成时间
1	缺少稳定可调电阻	设计并制作稳定可调电阻	电阻计算值与实际测试值误差<5%	(1) 确定最优测量挡位	××	××	2022年9月21日
				(2) 确定挡位切换方式	××	××	2022年9月22日
				(3) 挡位切换阻值测试	××	××	2022年9月22日
2	无专用阻值测量工具	研发制作专用阻值测量工具	(1) 装置阻值显示偏差<±1kΩ。(2) 告警准确率>98%	(1) 确定阻值显示方式	××	××	2022年9月23日
				(2) 阻值显示装置效果测试	××	××	2022年9月24日
				(3) 装置外观设计制作及整体效果测试	××	××	2022年9月25日—2022年9月26日
3	线夹接触面积小	增加线夹接触面积	线夹松脱率<1%	(1) 改良测试线夹结构	××	××	2022年9月27日
				(2) 改良测试线夹接触面	××	××	2022年9月28日—2022年9月29日
				(3) 专用连接线夹效果测试	××	××	2022年9月30日

评价：本课题在对策表的制定过程中，制定对策不具体，对策的描述是具体方法的描述，比如线夹接触面积小的对策可以描述为采用锯齿形线夹设计增加面积，而不是简单的"增加面积"。

八、"对策实施"展开分析

七、对策实施

（此处选择一个具有代表性的对策实施进行分析，其他对策实施分析过程省略）

（一）对策一：设计并制作旋转操作工具增加旋转角度

1. 措施1：结构及尺寸设计

设计蓄电池带动电动旋转式操作辅助工具的电机正反转，电机与手动柄稳固连接，通过电动操作，充分释放人力操作，解决操作杆旋转时间长的问题，电路及结构设计如下图所示：

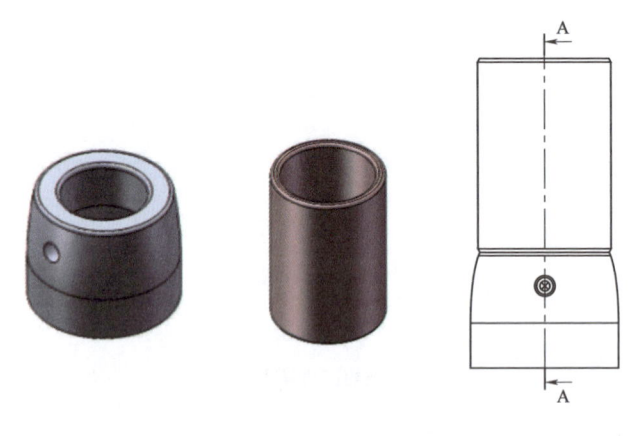

连接接口设计

2. 措施2：装置制作及安装

利用车床对金属接口连接部分进行加工，采用3D打印对皮套接口部分进行制作，制作完成后进行连接。

金属结构加工及制作

第一节 问题解决型课题案例及解读——缩短户外刀闸检修维护安措执行时间

接口尺寸设计表　　　　　　　　　　　　　　　单位：mm

位置	设计尺寸	测量尺寸	误差
长度	52	52.1	+0.1
内径	23	22.9	−0.1
外径	36.5	36.5	0

3. 措施3：效果测试及负面评价

制作完成电动辅助操作杆之后，小组成员对电动辅助工具进行了多次电动测试，测试结果如下表所示：

操作杆旋转紧固效果测试结果　　　　　　　单位：N·m

序号	测试扭矩	序号	测试扭矩
1	92	6	93
2	91	7	92
3	93	8	91
4	93	9	92
5	92	10	92
平均值		92.1	

【"对策实施"解读】

上文能按照对策表逐条实施对策，并与对策目标进行比较，确认对策实施后的效果以及有效性。最后，在必要的情况下，能验证对策实施结果在安全方面的负面影响。

（一）对策实施注意事项

（1）应按对策表中的具体措施实施每项对策；每项对策实施完毕，应及时收集数据，确认对策目标是否达到。每项对策实施完成后，应检查对策目标实现的情况，而不是对课题的目标（即前文中选择课题后设定的目标值）进行检查。

（2）当对策目标未达到时，应对该对策的具体措施作出调整或修改，然后再实施，再确认实施效果。

（3）"必要时"，是针对在制定对策时，有的对策是具有新意的非常规对策，如果没有做对策的综合评价，需要验证对策实施结果在安全、质量、管理、成本、环保等方面的负面影响，特别是电力行业中的安全、环保等方面。

第三章　QC活动技能提升

（二）对策实施常见问题

（1）实施过程文字多，缺少数据，实施过程中图表、数据少，真实性打折扣。

（2）对策实施内容不完成，没有逐条实施，或实施过程有新增内容，脱离了对策表。

（3）对策实施后，未进行效果验证。

（4）对策实施效果的效果验证，不是课题的效果检查，或者验证的过程不符合逻辑。

（5）每项对策实施效果没有具体时间，或与对策表中时间不对应。

九、"效果检查"展开分析

八、效果检查

（一）效果检查1：目标值检查

××供电局变电二所所辖变电站2023年8—12月的户外刀闸检修维护安措执行平均时间进行系统统计，以校验本小组此次QC活动成效，具体结果见表。

对策实施后的户外刀闸维护工作安措执行时间

月份	安措执行总次数	平均安措执行时间/min				平均总耗时/min
		操作	许可	布置安措	其他	
8	52	5.2	1.8	10.9	1.9	19.8
9	48	5.7	2.2	10.8	1.8	20.5
10	43	5.6	1.6	11.3	1.6	20.1
11	48	5.7	1.8	10.2	1.5	19.2
12	49	5.6	1.6	10.4	1.9	19.5
平均值	—	5.6	1.8	10.7	1.7	19.8

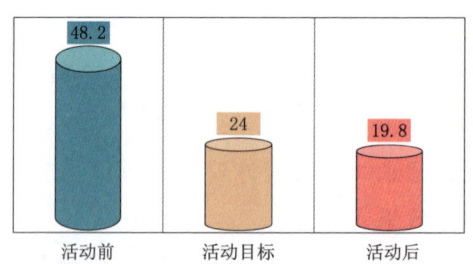

缩短户外刀闸检修维护安措执行时间（单位：min）

效果检查柱状图

第一节 问题解决型课题案例及解读——缩短户外刀闸检修维护安措执行时间

根据统计数据可以看出,此次针对缩短户外刀闸检修维护安措执行时间开展的 QC 活动效果十分显著,不仅实现了目标值,最终效果也优于预期目标,因此可以得出结论,我们采取的措施是有效的。

(二)效果检查 2:症结解决情况

为进一步确认"接地操作时间长"这一症结的具体改善情况,本小组对 8—12 月所辖变电站全部刀闸维护工作安措布置各环节时间进行统计,具体结果见表。

症结改善情况统计

月份	安措布置时间/min				总耗时/min
	验电	接地	挂牌	装设围栏	
8 月	1.5	3.8	1.1	4.5	10.9
9 月	1.4	3.4	1	5	10.8
10 月	1.8	4.3	1	4.2	11.3
11 月	1.1	3.6	1.5	4	10.2
12 月	1	4.1	1.1	4.2	10.4
平均值	1.4	3.8	1.1	4.4	10.7

(三)效果检查 3:经济效益

××供电局变电二所在 2023 年 8—12 月累计开展 110kV 刀闸检修维护检修 94 次,活动开展的成本 $C=1.6$ 万元,通过开展 QC 活动,每次安措执行时间缩短了 $T=T_1-T_2=43.2-20.1=23.1$(min),刀闸维护提前 23.1min 送电,按每度电 0.6995 元计算,则增加售电额 Y 为

$$Y = 94 \times 0.6995 元/(kW \cdot h) \times 110kV \times 100A \times (23.1 \div 60)h - C = 26.2(万元)$$

(四)效果检查 4:社会效益

(1)满足了作业运维需求:使得户外刀闸维护安全措施布置效率大大提高,极大提高运维效率。

(2)提高了用户满意度:缩短了户外刀闸维护安全措施布置,减少停电时间,提高了电网用户的满意度。

(3)满足了人身安全需求:改善措施有效地保障了作业人员的人机工效,保障运维人员操作安全。

【"效果检查"解读】

效果检查通过对 8—12 月的数据进行统计，对比活动前的数据目标达成，并且对症结的改善情况进行统计，症结改善明显，同时计算经济效益，经济效益缺少财务的证明文件。

（一）效果检查注意事项

（1）效果检查的对象是两个：一是课题的目标是否达到；二是对策实施前的现状是否得到明显改善。

（2）如果没达到课题目标，必须分析没达到目标的具体原因。要从计划阶段的各个步骤找原因，是现状调查中症结找的不准，还是设定目标时预计症结的解决程度不准，或是分析原因不全、未到末端，或是主要原因确定不准确，或是对策选择有误。是哪个步骤有不足，就从哪个步骤重新开始，进入第二个 PDCA 循环。

（3）如果与对策实施前的现状对比没有明显改善，应作出合理解释。

（4）效果检查的时间要求有两个方面：一是开始收集效果数据的时间，必须在全部对策实施完成、并达到了对策目标之后；二是收集效果数据的时间长度，应与对策实施前收集现状数据的时间长度保持一致。

（5）准则中"必要时"，是指本课题活动产生直接实际经济效益的可计算经济效益；计算经济效益一定要实事求是，不计算预期的经济效益，且要扣除此次活动的支出。社会效益可以用新闻表彰发文等证明。

（二）效果检查常见问题

（1）计算经济效益用估算、推算的方法，无计算过程，投入的成本没有计算其中，人力成本不是实际发生的，效果没有企业主管部门的认可和证明。

（2）效果检查开始时间不对，与实施中效果确认时间重叠，时间周期长度不一致。

（3）现状调查、实施、效果检查统计的度量单位不一致，无转换。

（4）当与对策实施前的现状对比没有明显改善时，未给出合理解释。

第一节 问题解决型课题案例及解读——缩短户外刀闸检修维护安措执行时间

(三) 案例延伸

"效果检查"拓展案例1:配电专业"降低中高压业扩工单内部关键环节超时率"

时间	接电工单数量	关键环节超时工单数/宗	内部关键环节超时率/%	是否达标
2021年11月	53	5	9.43	×
2021年12月	58	5	8.62	×
2022年1月	54	5	9.26	×
2022年2月	23	1	4.35	√
2022年3月	30	2	6.67	×
2022年4月	39	3	7.69	×
2022年5月	41	4	9.76	×

QC活动制定的措施为中高压末次接火送电传出超时高位的问题提供了较为系统的解决方法,措施执行后,其具体措施已在××营销线内有效实施并取得成效。我们选取了春节前的2022年1月验收接火送电高峰期作为效果检验时间,这一时间段内接电工单数为51宗,末次接火送电超时工单数1宗,内部环节超时率为2%,达到活动目标5%,达到了预期目标,见下表:

序号	业扩工单类型	接电工单总量/宗	末次确定供电方案超时工单数/宗	末次接火送电超时工单数/宗
1	高压新装	39	0	0
2	大客户新装	0	0	0
3	高压增容	12	0	1
4	高压减容	0	0	0
5	高压临时	0	0	0
	总工单数	51	0	1
合计 2022年1月内部关键环节超时率				2%

评价:上述案例中可以发现,现状调查的数据和效果检查的数据时间周期长度不一致,现状检查中选取的是2021年11月—2022年5月数据,而效果检查中选取的是2022年1月的数据。

十、"制定巩固措施"展开分析

九、制定巩固措施

(一) 制定巩固措施表

巩 固 措 施 表

序号	有效措施	巩固措施	条　　款	批准单位
1	设计并制作旋转操作工具增加旋转角度	编写《××供电局运行操作作业指导书》(1205056.1—2023)	可以使用电动接地线操作杆辅助装置，保证安装牢固，提高操作效率	××
2	设计接地挂锁消除角度偏差	编写《××供电局运行操作作业指导书》(1205056.1—2023)	使用免螺母安装接地装置接地保证接地操作能够快速匹配，确认回路连接完好	××
3	设计并制作挂接接线板增加挂接角度	编写《××供电局运行操作作业指导书》(1205056.1—2023)	安装线路接线板挂点，增加挂接角度，安装过程确定连接牢固可靠	××

【"制定巩固措施"解读】

制定巩固措施时，应将对策表中行之有效的措施报主管部门，经批准后

第一节 问题解决型课题案例及解读——缩短户外刀闸检修维护安措执行时间

纳入相关的标准：如作业指导书、工艺标准、管理制度等。

上文将对策表中通过对策实施证明有效的三条措施经生产技术部批准后，纳入了相关作业指导书，符合制定巩固措施的要求。

（一）制定巩固措施注意事项

（1）巩固措施的内容必须是被活动实际证明有效的措施；巩固的方式，必须是通过将这些有效措施分门别类纳入相关标准，包括技术标准和管理制度。

（2）准则中"必要时"，是指在这一步是否要对新标准执行后的效果能否保持在稳定状态进行跟踪，可以根据课题的实际需要，由小组决定。

（二）制定巩固措施常见问题

（1）将小组活动后行政方面后续跟进做的工作与巩固措施相混淆。
（2）实施有效的措施未纳入相关标准。

十一、"总结和下一步打算"展开分析

十、总结和下一步打算

（一）总结

1. 专业技术总结

（1）优点：通过原因分析确定了3条主要原因，并成功制定了3条对策，制作了操作辅助工具，快速接地桩、安装接线板措施解决了现场安措执行时间长的问题，提高了现场工作效率，特别对于该项作业的影响因素和存在风险有了更全面的认识，进一步掌握了现场调研、工具制作等相关知识，受理发明专利1项。

（2）不足及改进：由于跨专业知识了解不够全面，在一定程度上限制了分析思路的拓展，部分元件及功能无法实现完全自主研制，在今后的工作中要进一步培养小组成员的动手能力与基础技术素养，充分利用公司设备与专家团队的技术，解决元件及技术难点。

2. 管理方法总结

通过本年度QC活动，小组成员正确无误地使用了多种数理统计等QC工具，成功缩短户外刀闸检修维护安措执行时间，圆满达成了课题目标。

在整个克服困难、团结一致、互帮互助的过程中有效加深了小组成员的协作精神及沟通技巧,并迅速带领新员工对 QC 工具应用有了较为深刻的认知。

3. 综合素质总结

(1) 优点:通过 QC 活动,突出地锻炼了小组新成员的现场发现问题、分析问题和处理问题的能力,提高了小组成员集体动手动脑主动性,使小组成员学会使用科学严谨的分析处理现场问题的方法及相应的数理统计、数据处理和图表表示等方法来总结工作、提高工作效率与效益。

(2) 不足及改进:小组在实施过程中总体协调和部分成员的参与程度不足,总结如下:

序号	不 足	改 进 措 施
1	QC 过程协调不足	小组加强 QC 活动协调推进安排,提前沟通,协调处理活动问题
2	小组成员对设备改造的部分环节参与程度不足	制定小组活动计划及成员管理办法,鼓励成员参加 QC 所涉及的设备改造全过程,全程跟踪,检查设备改造质量及效果

(二) 下一步打算

通过本次 QC 活动,QC 小组成员对设备检修工作流程有了更深入、全面的了解,对变电管理及作业现场都做了研究。根据设备运维人员反馈,运维人员在开展安全措施布置工作时存在高电压等级接地线挂接位置高、接地线质量重、人工效率低等现象。

因此,下次 QC 活动,小组成员将继续发扬科技创新的精神,将下一步计划研究课题定为:"研制 GIS 预埋件高差测量装置"。

【"总结和下一步打算"解读】

(一)"总结和下一步打算"注意事项

小组应对活动全过程进行回顾和总结,有针对性地提出今后打算。包括:

(1) 针对专业技术、管理方法和小组成员综合素质等方面进行全面总结。

第二节 创新型课题案例及解读——研制无线遥控式电流互感器极性测试仪

（2）提出下一次活动课题。

(二)"总结和下一步打算"要点解读

（1）没有针对课题进行总结，而是套用模板。

（2）文字描述多，客观的数据少。

第二节 创新型课题案例及解读——研制无线遥控式电流互感器极性测试仪

一、"选择课题"需求展开分析

创新型课题案例：研制无线遥控式电流互感器极性测试仪

一、选择课题

（一）需求分析

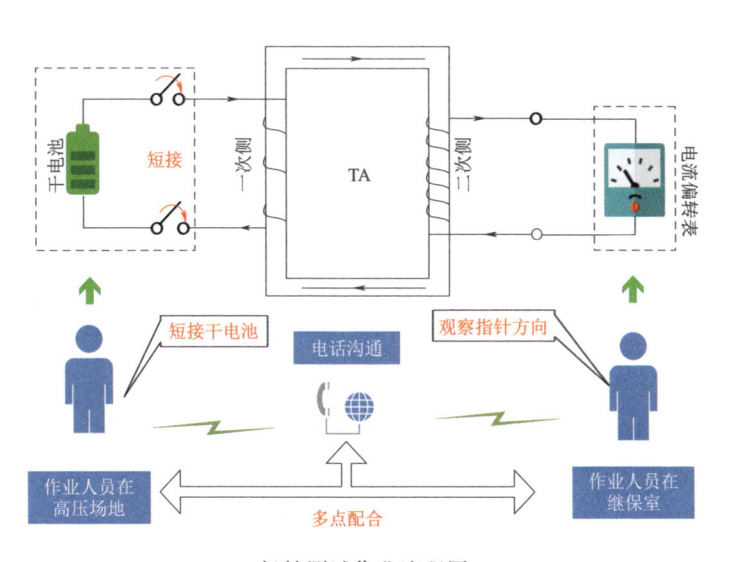

极性测试作业流程图

内部顾客需求：经统计，××供电局2021年度TA极性验收总数达到5375组，为及时完成工作，继保班组提出每组TA极性验收时间控制在4min以内的需求。

TA 极性测试耗时统计

序号	变电站	TA 数量	总耗时/min	每组耗时/min
1	××	6	75	12.4
2	××	4	58	14.5
3	××	10	123	12.3
…		…		…
48	××	6	68	11.3
49	××	3	35	11.7
50	××	4	48	12
平均		10	117.8	11.8

经对历史数据进行统计和分析，发现实际平均每组 TA 验收耗时为 11.8min，无法满足内部顾客需求。

【"选择课题"需求解读】

上文首先以流程图的形式展示现有的作业流程，然后提出需求，需求用数据量化，并且提供数据展示现有的能力无法满足需求。在需求分析的阶段，直接明了地提出需求，并且提供数据支撑。

（一）"需求"要点解读

（1）首先要明确针对什么进行选题。准则明确指出选题是针对需求，不是问题。需求不是指 QC 小组的需求，而是内外部顾客及相关方的需求。

（2）需求提出时要有明确的数据支撑，为目标设定提供依据。

（3）需求不要太多，需求与目标保持一致，常见的做法是一个需求对应一个目标。

（4）需求提出过程中从正面提出需求，直接明确，简洁明了（如果从反面提出更像是问题解决型课题中的问题）。常用的套路写法：客户（上级、外部顾客）提出需求，不提问题，通过统计数据，现有的方法或者能力无法满足需求（流程：提出需求→能力不足→借鉴→提出课题）。

（二）"需求"常见问题

（1）选题是针对问题，不是针对需求，提出的是 QC 小组的需求，不是内外部顾客及相关方的需求。

（2）套用问题解决型课题的现状调查找出问题症结，确定课题。

第二节 创新型课题案例及解读——研制无线遥控式电流互感器极性测试仪

（3）电力行业中创新型课题常见的问题是用缺陷的方法来分析需求，不能用缺陷讲需求。

（4）需求不明确或者需求太多，套用日本的"课题达成型"方式，经小组讨论提出三个问题，选其中一个。

（三）案例延伸

1. "选择课题"需求拓展案例1：运行专业"研制10kV手车开关便携式储能装置"

需求一：工作过程中完成手车开关电动储能的安全需求

2021年03月，QC小组调查了近年来发生的**手车开关柜操作事故** 4起事故 2人死亡 1人轻伤 208.5万元

需求二：缩短开关储能时间的效率需求

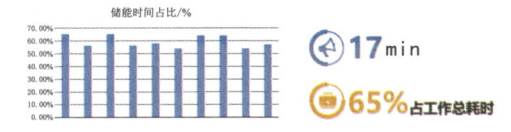

17min
65%占工作总耗时

为了进一步提高工作效率，现亟须寻求一种在工作过程中能够缩短手车开关储能耗时的新方法。

需求三：班组人员的工作需求

序号	问题班组	检修人员（调查人数:42）	继保人员（调查人数:46）	试验人员（调查人数:45）	平均值
1	认为开关储能最费力的人员占比	74.29%	80.43%	80.77%	77.53%
	改善开关储能耗时费力的状况				
2	认为开关储能是最耗时工作步骤的人员占比	65.71%	60.87%	84.62%	75.17%

评价：上述案例在需求分析中，提出了三个需求，实际提的是三个问题，这个是电力行业中常见的问题，创新型课题以需求作为出发点，提出需求的时候需求需要和目标对应，不用提出太多需求，提出需求的时候需要数据支撑。

2."选择课题"需求拓展案例2：检修专业"研制高空作业防触电预警装置"

装置名称	特　　点
固定式防护装置	在临近带电体安全距离范围内，设置全封闭作业区域，加以警报系统辅助，人、机械在封闭区域内作业，若超出封闭区域，将报警。此装置一般用于线路不停电作业，因线路工程受地理环境因素较大，所以并非任意作业地点都可使用
超声波测距及预警装置	利用绝缘抖臂车作为辅助装置，安装超声波探头测量与带电体的安全距离，并利用无线通信技术，实时测量，实时传输，实时判别，确保作业人员或机械在安全距离范围内。此装置一般只用于变电站内
图像识别预警装置	基于视频分析技术，将智能图像处理技术与无线通信技术结合，并进行装置系统设计，具有监控预警功能，可作为近电作业安全监控的辅助措施。特点是成本高、受限作业环境，且无法做到全覆盖
红外对射装置	利用周界防范系统原理，采用红外对射，由发射端和接收端两部分组成，在临近带电体水平或垂直方向设置安全红线距离的光束，当靠近或超过安全距离造成光束被遮挡时，探测器接收即发出报警信号给报警主机，主机接收到信号后发出声光报警信号，起到警示及安全保护作用。此装置一般只用于变电站站内

评价：本案例在需求分析中，提出的需求缺少数据支撑，只是提出了几种应用场景的需求，这样在后续的目标设定中也就无相关数据来源。

3."选择课题"需求拓展案例3：运行专业"研制10kV手车开关便携式储能装置"

抢修作业人员在进行低压抢修工作时，一般在接到工单后进行现场排障与勘查，然后办理抢修工作票进行抢修工作。因时间紧迫，供电可靠性指标紧张，抢修工作人员往往会匆忙地选择安全工器具，易发生工器具编号错误，错领少领工器具，并且整体耗费时间长。以下是××供电局第三季度有关低压抢修工器具领用的违章案例。

第二节 创新型课题案例及解读——研制无线遥控式电流互感器极性测试仪

序号	时　　间	案　　例	供电所	违章类型
1	2022年9月19日	9月19日安全工器具未按时归还	××	D
2	2022年9月22日	9月22日安全工器具未按时归还	××	D
3	2022年9月14日	2022年9月14日安全工器具未按时归还	××	D
4	2022年9月23日	2022年9月23日安全工器具未按时归还	××	D

通过以上违章案例不难发现，在低压抢修工作时，工作人员时常会忘记归还安全工器具，不及时归还工器具不仅仅是违章的问题，也会造成下次需要使用时找不到所需工器具的情况，影响工作效率。因此我们QC小组设定的课题是："研制新型低压抢修专用安全工器具箱"。

评价：选择课题的出发点是工器具箱领用后归还不及时导致违章次数增加，小组的需求是降低领用工具的违章次数，但是在设定目标的时候却以时间作为课题目标，以时间为课题目录的课题，是提高效率类课题，导致选择课题和设定目标前后不一致。

二、"选择课题"借鉴展开分析

（二）广泛借鉴

查 阅 借 鉴 表

借鉴来源	借鉴点	借鉴原理	借鉴思路
专利查询	借鉴点1：无线控制技术 （遥控发送模块／外壳箱体：遥控接收模块、控制单元、输出单元、指示灯模块、供电模块）	专利：《一种用于变电站照明的远程控制系统》 该控制系统包括遥控发送与接收模块、控制单元、输出单元、指示灯模块以及供电模块，该系统利用无线控制技术，通过发送接收模块向控制单元发送控制信息，并通过输出单元控制照明系统，通过这种控制方式快速控制照明系统	借鉴无线控制技术实现电源快速接入。 小组决定借鉴该专利的无线控制技术，研制一种遥控电流互感器极性测试方法，该方法基于无线控制技术的应用，通过远程遥控控制电源接入，取代人工操作短接电源的方式 （电源遥控接入 ～无线控制～ 操作人员遥控；二次侧／一次侧）

第三章　QC活动技能提升

续表

借鉴来源	借鉴点	借鉴原理	借鉴思路
专利查询	借鉴点2：自保持输出技术	专利：《电流采样/保持电路以及使用该显示驱动电路的显示驱动方法》 该专利技术在输入逻辑电平控制下有"采样"或"保持"两种工作状态。"采样"状态下电路的输出跟踪输入模拟信号，在"保持"状态下电路的输出保持前次采样结束时刻的瞬时输入模拟信号，直至进入下一次采样状态为止	借鉴自保持输出技术，使结果稳定输出。 小组成员通过借鉴这种保持输出的技术原理，在一次侧电流信号输入的同时，采样模块记录保持直至下次信号输入，将结果快速显示并保持输出，取代指针瞬间偏转来判断极性

（三）确定课题

创新思路：基于无线控制技术以及自保持输出方式，通过应用无线遥控方式实现电流互感器极性测试作业，并将结果输出自保持，小组成员提出了采用基于无线控制技术以及自保持输出的无线遥控式电流互感器极性测试仪方案，因此将课题确定为："研制无线遥控式电流互感器极性测试仪"。

【"选择课题"借鉴解读】

创新型课题借鉴是整个课题最重要的环节之一，借鉴的好坏直接关系到整个课题能够达到的水平，因此要关注借鉴的过程。本案例中在借鉴思路的描述中表达不清晰，对于创新思路的借鉴和形成过程没有展示清楚，可以用一些逻辑框图辅助表达。

（一）"借鉴"要点解读

（1）创新课题是从无到有的过程，是创新型课题最重要的一个环节，借鉴时需要提炼核心的创新点，借鉴的过程贯穿全过程，为目标可行性论证和方案提出提供依据。

（2）借鉴类型有理论、技术（提炼核心点、数据）、具体事物（参考其效果）三种。借鉴不宜太多，会显得很琐碎（借鉴实物时可以提炼实物背后

第二节 创新型课题案例及解读——研制无线遥控式电流互感器极性测试仪

所蕴含的原理、方法和技术）。

（3）可以参考 TRIZ 理论中四十个发明原理。

(二)"借鉴"常见问题

（1）有些课题只查新，没有可借鉴对象。

（2）借鉴技术或者原理不清晰，知识描述，过于广泛，没有明确借鉴内容，未提炼关键点。

（3）借鉴常规做法，看不到创新启发。

（4）借鉴的不是理论、方法，而是结果（比如借鉴某种工具速度快，没有找出其背后的理论方法）。

（5）借鉴的技术未落实到方案中。

(三) 案例延伸

1. "选择课题"借鉴拓展案例1：配电专业"失去安全带保护自动告警装置的研究和制作"

---

1. 借鉴点1：高度传感器

在航空电子设备，引擎和飞行测试中，常用高度传感器来测量物体的实际高度。通过高度传感器可以准确地判断物体与基准面的距离。此原理可运用于本项目，运用高度传感器判断高处作业人员与基准面的距离，可以在多人数、多类目的作业环境下判断哪些人员处于高处在进行高处作业，一定程度上减少现场安全管控难度。

2. 借鉴点2：机械微动开关

微动开关是一种触发式开关，其主要原理是通过小型的机械臂在机械运动时触发内部电气接触钮片，发起电流的传递。在工业生产中常使用机械微动开关来控制电路的接通和断开、检测物体位置等。通电回路的导通和断开可以用于判断物体的位置或者状态，此项可以被借鉴于本次项目中，用于

第三章 QC活动技能提升

判断主带和副带的卡口状态，通过逻辑关系来判断高处作业人员高处作业过程中是否失去安全带保护。

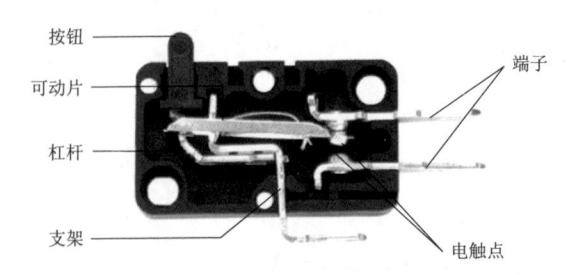

评价：上述案例中借鉴了传感器和微动开关，只是描述了这项技术本身的原理，没有看到结合借鉴的创新思路，并未提炼出借鉴技术的关键点，同时未将借鉴的技术落实到技术方案中。

2."选择课题"借鉴拓展案例2：运行专业"研制开关柜刀闸温度报警装置"

借鉴点2：报警系统

查阅论文，查询到《一种基于红外温度传感器的汽车缺缸报警系统》。该论文中的新型缺缸报警系统依据"传感器→控制元件→执行元件"数据流控制方式。当发动机启动工作时，各传感器检测信号，信号经过放大传输，最终由车载电脑处理数据并判断是否缺缸，若存在缺缸故障，输出信号并且相对应的气缸故障灯点亮，发出警报。这种报警机制可以被借鉴于本次项目中，小组成员提出：将测温装置测出来的温度等数据自主在后台上进行数据处理，并判断是否出现缺陷，如果发生缺陷，输出相应的报文，发出报警信号。方便运行人员快速锁定故障开关柜。

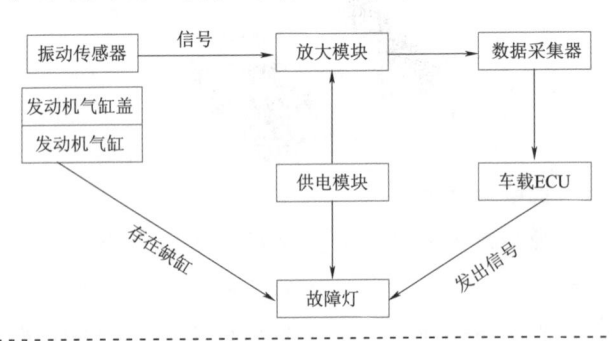

评价：上述案例中借鉴了报警系统，在对借鉴技术描述中并没有对报警

第二节 创新型课题案例及解读——研制无线遥控式电流互感器极性测试仪

系统进行提炼，对于具体应用到其中的哪一种技术，如何将借鉴的技术融入到方案中，没有形成借鉴的思路。

3."选择课题"借鉴拓展案例3：配电专业"研制电缆外半导电层切割工具"

---

1. 借鉴点1：调节装置

"配电网多功能带电剥离器研究"

介绍：该装置对电缆进行环形固定，根据电缆外绝缘层的厚度，手动旋转螺钉调节刀片切进深度，通过调节进刀旋钮控制适合的进刀深度，实现留痕深度可控性。

借鉴点：根据电线或电缆外绝缘层的厚度，调整调节螺钉，从而调节切割绝缘层的深度，电线或电缆的绝缘层非常容易地被切割成两半。

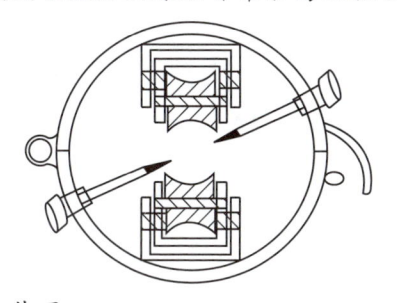

2. 借鉴点2：滑块装置

"新型电缆剥离工具的研制及应用"

介绍：滑动滚轮呈V形，可以固定在电缆上，能够对准切割方向，使切割路线保持直线，提升了切割效率，并由滚轮带动其均匀转动，同时可调节滚轮组间距以适应不同的直径的电缆的切割需求。

借鉴点：小组成员通过借鉴这种滚动限位方式，通过调节滚轮组间距即可实现不同型号的电缆固定，滑动滚轮可以实现在电缆表皮平滑滑动，减少切割偏差的同时提升了切割效率。

第三章　QC活动技能提升

评价：上述案例通过借鉴两种装置实物来实现电缆的环切，并且借鉴后提出了创新思路并且画出了借鉴后的框图，比较好地展示了借鉴的过程，值得借鉴。但是在借鉴实物的时候，可以进一步地提炼实物背后蕴含的原理。

4."选择课题"借鉴拓展案例4：检修专业"10kV小车开关智能升降装置的研制"

借鉴点2：电动升降叉车的升降原理和电机控制原理

借鉴来源	小组成员对如何缩短10kV母线小车开关停电检修时间问题开会讨论，××提出，在京东物流仓库实习的过程中，观察到工作人员A使用电动升降叉车将货物批量从货架上搬运下来，同时分拣人员B对货物进行贴标签，工作人员C用电动升降叉车将货物批量搬运至下一站，1h内即可完成数十件货物的流转，这种工作模式与10kV母线小车开关检修非常相似，但与京东仓库不同的是，受空间限制，变电站高压室一般只配备2台固定式转运小车，固定式转运小车不具备升降功能，而小车开关重量数百斤，若人手搬运至地面存在人身风险，导致目前只能同时开展2台小车开关的检修工作，待正在检修的小车开关检修完成后，将其移回开关柜，才能够开展余下小车开关的检修。可见物流转运中电动叉车起到至关重要的作用，因此小组成员就电动叉车的运作原理进行了文献查找
搜索范围	国家知识产权局、中国知网、万方数据、维普期刊、国家图书馆
借鉴文献	通过查阅，《物流叉车应用特性研究分析》《物流仓库的形式与叉车的配置》等文献进入小组参考借鉴考虑范围。最终经过比较讨论，小组最终选择《物流仓库的形式与叉车的配置》作为小组缩短10kV母线停电检修时间的主要借鉴文献
文献内容	文献首先描述了电动叉车主要由电机、电控系统、液压系统三大部分组成，将电池组与电机连接，通过变速器或电控器来调整电机的转速和扭矩，通过链条升降传动实现电动叉车的升降。论文同时描述了在物流仓库中不同工作情景下，不同类型叉车对货物的转运和中转时间的影响，并进行了实践论证：在固定搬运高度2m、距离10m、货物重量300kg的情况下，工作人员A使用电动叉车进行卸货，工作人员B同时进行货物贴标签，工作人员C使用电动叉车进行装货，2h内就可以完成62件大型货物的打包、发送。电动叉车工作原理，电动叉车的电力系统由电池组、电机和控制器三个部分组成。在叉车工作时，将电池组与电机连接，通过电控器来调整电机的转速和扭矩，从而控制叉车行驶速度。在工作时，操作员通过踏板操作启动电动叉车，将电池组的电能转化为机械能，通过齿轮传动、驱动轮和方向轮的协同作用，实现车辆的移动、行驶和转向。同时，从控制系统中传递电气信号和压力信号，控制叉臂的运动、升降和夹持动作，实现货物的升降和搬运，完成货物的堆垛或卸载任务。实施效果：电动叉车自由升降行程可达1.5m，承重≥1000kg，在室内满载时的最大行走速度可达18km/h，空载时最大行走速度可达21km/h。提升速度0.3~0.5m/s。 物流仓库货物运转流程图如下： 开始 → 利用叉车把货物从A货架搬到传送带 → 分拣 → 利用叉车把货物从传送带搬回B货架 → 结束

92

第二节 创新型课题案例及解读——研制无线遥控式电流互感器极性测试仪

续表

可借鉴点	本课题借鉴电动叉车的升降原理，可研制具备升降功能的转运小车，代替传统的固定式台架小车，在10kV母线停电检修工作中，工作人员A可用升降转运小车将10kV小车开关批量转移到地面，同时工作人员B可对地面的小车开关进行检修，工作人员C用升降转运小车将已完成检修的10kV小车开关移回开关柜，如此便实现了同时批量开展10kV小车开关的检修工作，提升工作效率，缩短10kV母线停电检修的时间

评价：上述案例中，借鉴了电动升降叉车的升降原理，提炼了技术原理来研制具备升降功能的转运小车，在借鉴中对借鉴的原理进行描述，提供借鉴的数据并用于可行性论证中是值得借鉴的，在借鉴的过程中尽量用简短的文字加上图表的方式来表述，更加直观。

5."选择课题"借鉴拓展案例5：运行专业"自压紧式电容器放电工具的研制"

（三）确定课题

1. 原因分析

针对造成电容器组放电时间过长的主要因素，QC小组成员结合实际情况，运用头脑风暴法，从人员、设备、环境等三个方面进行了充分的讨论和分析，并一一列举在树图上，如图所示。从树图中找出以下7个末端因素：①缺乏培训；②放电器超重；③放电器头与电容器接触面不够充分；④放电器头表面氧化；⑤放电线长度设计不合理；⑥接地点设置不合理；⑦各相电容器间隔太近。

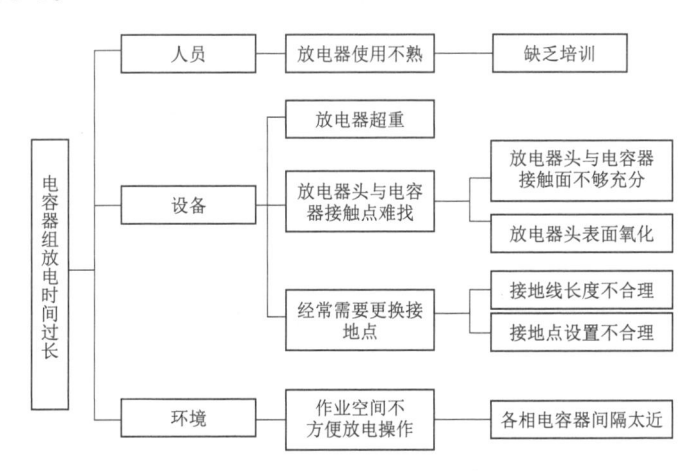

电容器放电时间过长的原因树图

第三章 QC活动技能提升

评价：本课题为创新型课题，在选择课题时采用问题解型课题的方法来找症结，从而确定课题，小组成员混淆了问题解决新课题和创新型课题的活动程序。创新型课题应该以需求作为出发点，用数据直接找到差距，提出课题，通过这样的方式来表达。

6."选择课题"借鉴拓展案例6：调度专业"通信设备标签自动生成系统的研制"

查新项目	通信设备标签自动生成系统	查新时间	2022年3月28日
查新目的	通过课题查新，确认本次课题创新性		
查新结果	国家知识产权网		
	中国知网网络平台		

94

第二节　创新型课题案例及解读——研制无线遥控式电流互感器极性测试仪

续表

查新结果	万方数据知识服务平台	
结论	通信专业领域并没有标签自动生成系统的相关研究	

评价：在创新型课题撰写过程中，常见问题是在查新过程中没有借鉴，QC强调的借鉴创新，借鉴是一个非常重要的环节，有了借鉴这个环节才能根据借鉴的思路提出总体方案。

三、"设定目标及目标可行性论证"展开分析

二、设定目标及目标可行性论证

（一）设定目标

目标值：TA极性测试平均工时≤4min/组。

（二）目标可行性论证

小组成员对TA极性测试流程进行分解，可以得到作业包括4个步骤，通过借鉴的无线控制技术和自保持输出方式可以改变短接电池和读取极性的作业方式并缩短作业耗时，如下图所示：

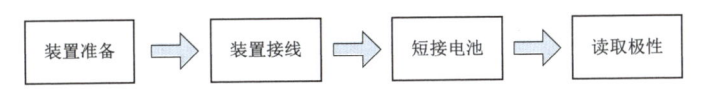

装置准备 ➡ 装置接线 ➡ 短接电池 ➡ 读取极性

TA极性测试作业步骤分解

95

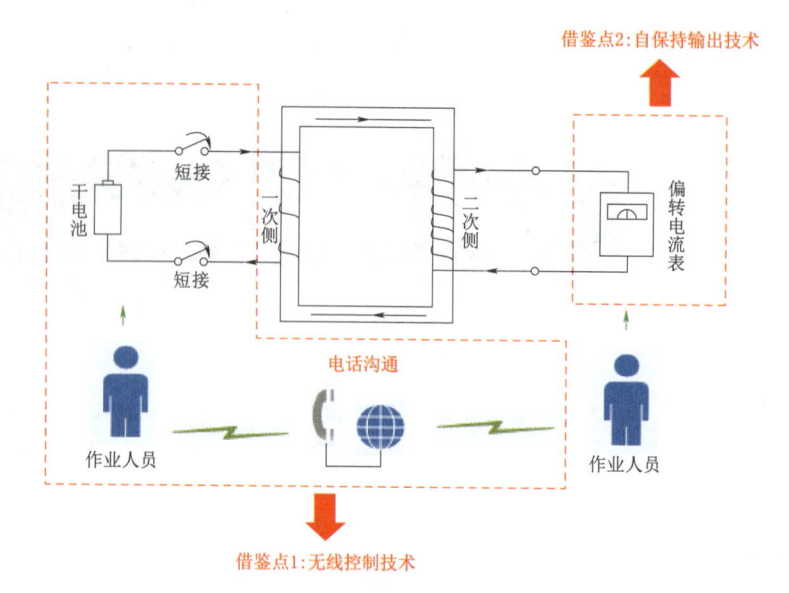

基于无线控制技术、自保持输出方式的极性测试

借鉴点1论证：借鉴无线控制技术减少短接电池耗时论证

根据借鉴《一种用于变电站照明的远程控制系统》专利技术，小组成员购买遥控模块来搭建简单电路模拟蓄电池自动接入的流程环节，得到遥控完成的耗时如下表：

TA极性测试时间模拟测试   单位：s

序号	装置准备	装置接线	短接电池	读取极性	合计
1	72	90	1.5	1.8	178
2	66	84	1.3	1.9	170
3	78	72	1.5	2.0	167
…	…	…	…	…	…
18	84	101	1.4	1.8	201
19	66	90	1.6	1.9	175
20	72	102	1.4	1.8	191
平均	76.25	87.15	1.4	1.9	164.7

$T=76.25s+87.15s+1.4s+1.9s=164.7s≈2.7min$

因此，遥控式电流互感器极性测试装置平均耗时164.7s，约2.7min，小于目标值4min，目标可行。

第二节 创新型课题案例及解读——研制无线遥控式电流互感器极性测试仪

【"设定目标及目标可行性论证"解读】

(一)设定目标及目标可行性论证要点解读

(1)目标与需求一致,定量,可测、可检查,不宜过多,一个目标即可,一般不建议用 100% 作为目标。

(2)目标是针对需求的内容提出的,要和需求相呼应。

(3)不能用创新成果的功能参数和性能参数作为课题目标,可以作为对策实施的目标。

(4)可行性论证:按照准则,有且仅有一种方法,用借鉴的数据进行论证,用数据论证,不能出现如果、假如等字样来定性论证。

(5)借鉴原理时,可进行理论推演;借鉴技术时,可进行模拟实验;借鉴实物时,可参照其效果。

(二)设定目标及目标可行性论证常见问题

(1)目标与需求不一致。

(2)目标未定量描述,不可测量,不可检查。

(3)目标过多,且相互之间有关联。

(4)目标可行性论证,未借鉴相关数据作为依据,定性描述。

(三)案例延伸

1. "设定目标及目标可行性论证"拓展案例 1:通信专业"通信设备标签自动生成系统的研制"

内容:根据《××企业通信设备命名及标识技术规范》,通信设备标签宽度标准为 12mm。结合实际通信专业工作需求,QC 小组确定本次 QC 课题的目标为:"以软件代替人工,自动生成 12mm 通信设备标签"。

评价:目标设定过程中采用软件自动生产的办法替代传统方式,设定能够生产 12mm 的通信标签,12mm 是标签的性能参数,在设定目标的时候不能直接把性能参数作为课题目标,可以把它作为对策实施的目标。

2. "设定目标及目标可行性论证"拓展案例 2:检修专业"研制高空作业防触电预警装置"

目标:研制一种高空作业安全预警准确率大于 90% 的高空作业防触电预

97

警装置，实现防范人身伤害的预警效果。

（二）目标可行性论证

借鉴汽车倒车防预警装置的原理，小组在分析会上根据设定的目标进行模拟测试。

（1）小组成员先将高空作业安全预警装置拆分成两个部分，对于距离测算模块采用简单的激光测距，对于检测模块采用红外传感器，首先通过测量装置与带电设备的距离决定装置安装的位置，而后将识别部分转向作业人员，识别作用于检测范围内是否有"障碍物"存在，若有则启动报警。

（2）利用上述思路，小组成员制作了简易的高空作业防触电预警装置，主要是先通过激光测距模块测量装置本体与带电设备的距离，进而决定简易装置的安装位置，然后红外传感器辐射出一片检测区域，作业人员在本杆塔附近进行作业时，对作业人员身体部位进行检测和危险预警。

评价：上述案例中目标设定不可测、不可检，后续在效果检查中也就无法检查目标达成情况。

3."设定目标及目标可行性论证"拓展案例3：配电专业"研制一种适用于配电变压器母排型快速接地的接地线成套装置"

（二）可行性论证

QC创新小组根据设定的目标，在分析会上从时间数据、安全风险和人力资源维度，对设定目标进行了可行性分析论证，具体分析结果如下。

1. 时间数据分析

根据××供电所2022年配电变压器低压接地线操作时长记录，小组成员对操作流程进行了详细分析，经统计分析涉及接地线操作环节的主要为操作准备时长和接地线操作时长。综上所述，在低压接地线操作中，若采用一种适用于配电变压器母排型快速接地的接地线成套装置，能极大缩短配电变压器操作过程接地线的操作时间，总接地线操作过程环节的时间将有效缩短至4min以内，目标可以实现。

2. 安全风险评估

依据《电力工作安全规程》操作要求，操作人员使用低压接地线前，应先验电确认已停电，在设备上确认无电压后进行。先将接地线夹连接在接地

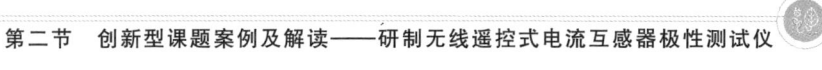

第二节 创新型课题案例及解读——研制无线遥控式电流互感器极性测试仪

网或扁铁件上,然后用接地操作棒分别将导线端线夹拧紧在设备导线上。拆除短路接地线时,顺序正好与上述相反。装设的短路接地线,它和带电设备的距离,应考虑到接地线摆的影响,其安全距离应不小于《电力工作安全规程》所规定的数值。严禁不用线夹而用缠绕的方法进行接地短路。携带型短路接地线应妥善保管,每次使用前,均应仔细检查其是否完好,软铜线无裸露,螺母不松脱,否则不得使用。

评价:上述案例中,目标设定是将低压接地线操作过程环节的时间有效缩短至 4min 以内,在进行可行性论证时,应该根据借鉴的数据,依据事实和数据进行论证,论证的过程是进行定量分析和判断,可采用现场测量或者试验进行论证,小组材料论证过程较为主观,缺少事实和依据。

四、"提出方案并确定最佳方案"展开分析

三、提出方案并确定最佳方案

(一)根据借鉴思路提出总体方案

针对课题目标,根据借鉴思路和技术,小组成员提出了基于无线控制和自保持输出技术的"无线控制和自保持输出式极性测试仪"的总体方案;该总体方案借鉴了无线控制技术和自保持输出技术,总体方案包括遥控模块、测量模块、自保持输出模块和供电模块,并一体封装而成,其中自保持输出模块包括采样保持模块以及显示模块组成,总体方案如下图所示:

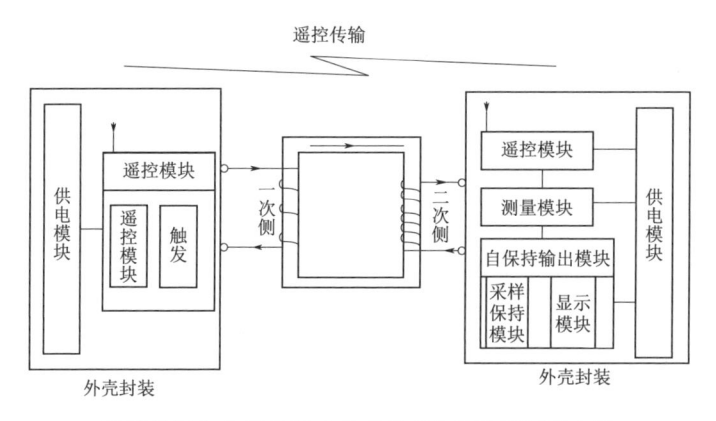

无线控制和自保持输出技术的 TA 极性测试仪方案

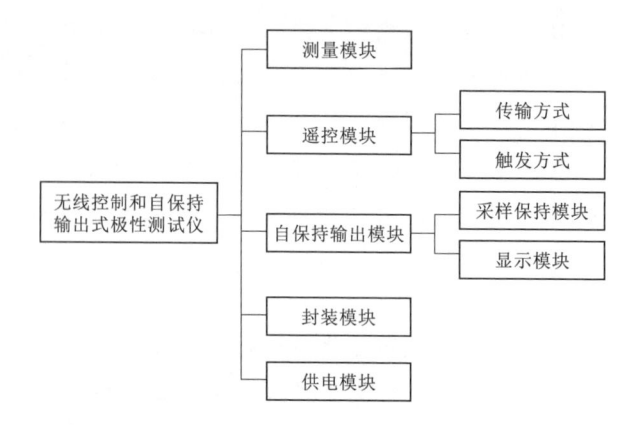

第三章 QC活动技能提升

```
                    ┌── 测量模块
                    │
                    ├── 遥控模块 ──┬── 传输方式
                    │              └── 触发方式
无线控制和自保持 ──┤
输出式极性测试仪    ├── 自保持输出模块 ──┬── 采样保持模块
                    │                    └── 显示模块
                    ├── 封装模块
                    │
                    └── 供电模块
```

无线控制和自保持输出式极性测试仪总体方案分解

（二）具体方案分解选择

（此处选择传输方式和显示模块两个分解方案为例子进行讲解，其他方案的分解选择过程省略）

1. 传输方式的选择

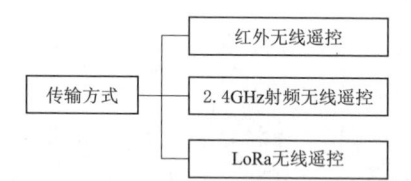

```
              ┌── 红外无线遥控
              │
传输方式 ──────┼── 2.4GHz射频无线遥控
              │
              └── LoRa无线遥控
```

为了解不同变电站建筑结构对于遥控距离 L_{max} 的需求，小组成员对有代表性的20座变电站的极性测试作业最大控制传输距离需求进行了测量。

调研变电站遥控距离统计图

序号	变电站	L_{max}/m
1	××站	178
2	××站	170
3	××站	245
...	...	...
18	××站	201
19	××站	175
20	××站	191
结论：经过调研，变电站内一次TA与二次回路最大遥控距离为245m		

第二节　创新型课题案例及解读——研制无线遥控式电流互感器极性测试仪

传输方式方案分析选择表

方案序号	方案一：红外无线遥控传输	方案二：2.4GHz射频无线遥控传输	方案三：LoRa无线遥控传输
方案介绍	用红外线波段的电磁波进行较近距离的传输	将电信息源调制射频（一种高频电流）形成信号进行传输	一种在同样功耗条件下比其他无线方式传播距离更远的低功耗传输
比选依据	（1）遥控距离：遥控距离应≥300m。 （2）穿透能力：数据丢包率＜0.1%		
试验分析	（1）遥控距离测试：小组成员相同条件下测试对应的发送和接收模块的遥控距离，分别进行5组测试，当大于某一距离装置无法接收信号时即为极限测试距离。 | 序号 | 红外无线遥控传输/m | 2.4GHz射频无线遥控传输/m | LoRa无线遥控传输/m | |---|---|---|---| | 1 | 52 | 412 | 1230 | | 2 | 51 | 410 | 1235 | | 3 | 53 | 408 | 1230 | | … | … | … | … | | 49 | 54 | 410 | 1238 | | 50 | 52 | 412 | 1250 | | 平均值 | 51.6 | 410.6 | 1238.8 | （2）穿透能力测试：GIS户内变电站极性测试工作地点不在同一空间，遥控命令需穿透设备、墙体传输，小组成员在相同条件下测试了不同传输方式下的丢包率： | 序号 | 红外无线遥控传输 | 2.4GHz射频无线遥控传输 | LoRa无线遥控传输 | |---|---|---|---| | 1 | 0.51% | 0.04% | 0.21% | | 2 | 0.42% | 0.02% | 0.32% | | 3 | 0.41% | 0.03% | 0.20% | | … | … | … | … | | 49 | 0.61% | 0.01% | 0.20% | | 50 | 0.50% | 0.02% | 0.25% | | 平均值 | 0.50% | 0.02% | 0.23% |		
总结	传输距离＜400m，丢包率＞0.1%，不满足要求	传输距离≥400m，丢包率＜0.1%，均满足要求	传输距离≥400m，丢包率＞0.1%，不满足要求
结论	不选用	选用	不选用

第三章　QC活动技能提升

2. 显示模块的选择

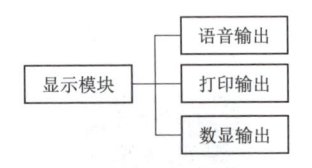

```
              ┌── 语音输出
   显示模块 ──┼── 打印输出
              └── 数显输出
```

显示模块方案分析选择表

方案序号	语音输出	打印输出	数显输出
方案介绍	通过语音提示输出结果	通过打印输出结果	通过液晶显示输出结果
比选依据	(1) 输出读取时间≤5s。 (2) 使用寿命≥5年		
试验分析	(1) 读取时间测试：将三种方案分别接入到输出电路中，进行50组实验分别测量结果输出读取时间，如下表所示： <table><tr><td>序号</td><td>语音输出/s</td><td>打印输出/s</td><td>数显输出/s</td></tr><tr><td>1</td><td>2</td><td>6</td><td>1</td></tr><tr><td>2</td><td>3</td><td>8</td><td>2</td></tr><tr><td>3</td><td>2</td><td>7</td><td>1</td></tr><tr><td>…</td><td>…</td><td>…</td><td>…</td></tr><tr><td>48</td><td></td><td>6</td><td></td></tr><tr><td>49</td><td>3</td><td>6</td><td>1</td></tr><tr><td>50</td><td>2</td><td>7</td><td>2</td></tr><tr><td>平均值</td><td>2.3</td><td>6.3</td><td>1.2</td></tr></table>		
调查分析	(1) 使用寿命统计：小组调研了班组常用仪器中不同输出模块的使用寿命，统计了维修周期，如下表所示： <table><tr><td>序号</td><td>语音输出/月</td><td>打印输出/月</td><td>数显输出/月</td></tr><tr><td>1</td><td>53</td><td>48</td><td>92</td></tr><tr><td>2</td><td>58</td><td>36</td><td>90</td></tr><tr><td>3</td><td>49</td><td>42</td><td>145</td></tr><tr><td>…</td><td>…</td><td>…</td><td>…</td></tr><tr><td>18</td><td>32</td><td>35</td><td>132</td></tr><tr><td>19</td><td>40</td><td>20</td><td>120</td></tr><tr><td>20</td><td>36</td><td>39</td><td>135</td></tr><tr><td>平均时间</td><td>48</td><td>35</td><td>128</td></tr></table>		
总结	输出读取时间<5s，使用寿命<5年，不满足要求	输出读取时间>5s，使用寿命<5年，不满足要求	输出读取时间<5s，使用寿命>5年，满足要求
结论	不选用	不选用	选用

第二节 创新型课题案例及解读——研制无线遥控式电流互感器极性测试仪

(三) 确定最佳方案

根据以上试验分析和对比选择，小组经过讨论确定了研制无线遥控式电流互感器极性测试仪的最佳方案，如下图所示：

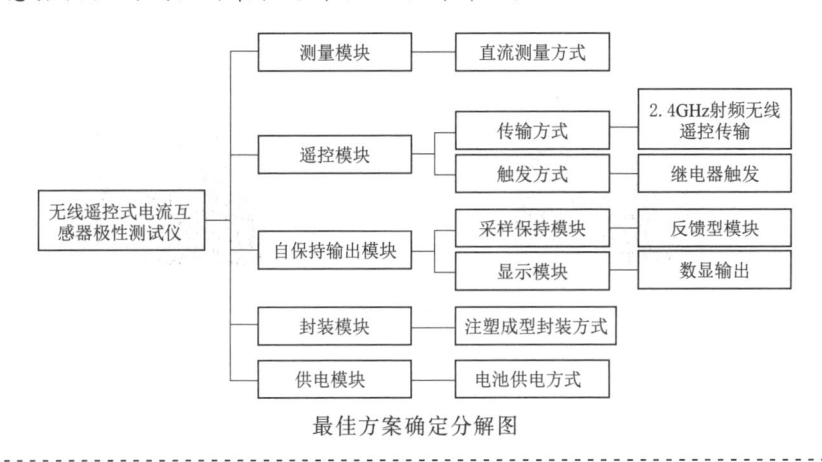

```
                        ┌─ 测量模块 ───── 直流测量方式
                        │
                        │                ┌─ 传输方式 ───── 2.4GHz射频无线遥控传输
                        ├─ 遥控模块 ─────┤
                        │                └─ 触发方式 ───── 继电器触发
无线遥控式电流互         │
感器极性测试仪   ────────┤                ┌─ 采样保持模块 ── 反馈型模块
                        ├─ 自保持输出模块─┤
                        │                └─ 显示模块 ───── 数显输出
                        │
                        ├─ 封装模块 ───── 注塑成型封装方式
                        │
                        └─ 供电模块 ───── 电池供电方式
```

最佳方案确定分解图

(一) "提出方案并确定最佳方案"要点解读

（1）要根据借鉴的内容启发思路，提出总体方案，总体方案里要体现借鉴的相关技术、原理等。

（2）提出可能实现总体方案的分级方案。

（3）总体方案应具有创新性和相对独立性，分级方案应具有可比性，以供比较和选择。

（4）确定最佳方案时，要基于现场测量、试验或调查分析获取的事实与数据，应对不同的方案进行综合评价和比较选择。

（5）应将选定的方案逐层展开到可以实施的具体方案。

(二) "提出方案并确定最佳方案"常见问题

（1）总体方案里没有体现借鉴的内容。

（2）分级方案的选择，仅用文字描述的定性比较，没有用客观事实和数据进行比较和选择。

（3）提出总体方案时，仅由小组成员进行讨论或者使用头脑风暴法得来，并非由借鉴的内容启发思路后提出的总体方案，导致总体方案中未体现借鉴内容。

（三）案例延伸

1."提出方案并确定最佳方案"拓展案例1：继保专业"研制便携式多端短接线收纳装置"

方案	固定连接	插头连接
图例		
说明	导线铜芯引出，通过线夹尾端螺丝接线柱拧紧	导线固定于带插销接线柱上，插口阻尼适中
优点	（1）加工难度低√ （2）线夹与短接线固定在一起，使用方便，不易遗失√	（1）不同大小的试验线夹可以应对各种型号的断路器√ （2）线夹与短接线分离，日常维护简单√
弊端	（1）面对不同型号的断路器单一试验线夹并不便利× （2）线夹损坏时维修成本高×	（1）加工难度高× （2）线夹经常替换，可能造成线夹遗漏×
拆卸	耗时越短越好，应小于10s，10人共20次试验，计算平均值	

评价：上述案例，仅用优缺点对比的方式进行方案的比选，只有定性比较，没有定量的比较，缺少客观依据。

2."提出方案并确定最佳方案"拓展案例2：运行专业"研制开关柜刀闸温度报警装置"

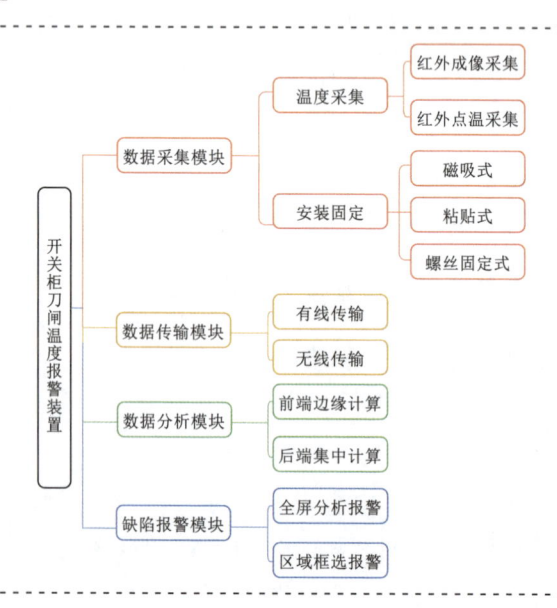

开关柜刀闸温度报警装置
- 数据采集模块
  - 温度采集
    - 红外成像采集
    - 红外点温采集
  - 安装固定
    - 磁吸式
    - 粘贴式
    - 螺丝固定式
- 数据传输模块
  - 有线传输
  - 无线传输
- 数据分析模块
  - 前端边缘计算
  - 后端集中计算
- 缺陷报警模块
  - 全屏分析报警
  - 区域框选报警

第二节 创新型课题案例及解读——研制无线遥控式电流互感器极性测试仪

评价：上述案例的方案分解中以及总体方案的提出，没有体现出借鉴的技术（实时监测技术和报警系统），可以在总体方案分解之前，画一个融合借鉴技术的总体方案图，借鉴技术的描述要清晰明确。

3."提出方案并确定最佳方案"拓展案例3：供服专业"研制一种可悬挂的便携式错误接线培训盲盒"

小组成员认为有必要研制一台可移动便携式错误接线培训盲盒，通过召开头脑风暴会议，对二次回路信号测试仪的设计方案进行了激烈的讨论。会后整理出各功能模块的亲和图，如下图所示：

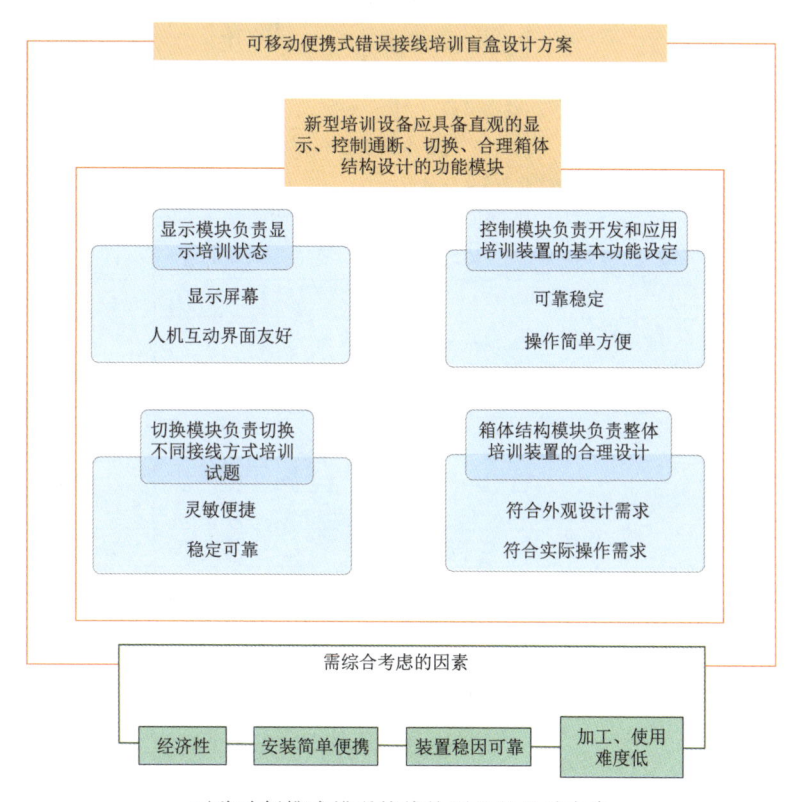

可移动便携式错误接线培训盲盒设计方案

新型培训设备应具备直观的显示、控制通断、切换、合理箱体结构设计的功能模块

显示模块负责显示培训状态	控制模块负责开发和应用培训装置的基本功能设定
显示屏幕 人机互动界面友好	可靠稳定 操作简单方便

切换模块负责切换不同接线方式培训试题	箱体结构模块负责整体培训装置的合理设计
灵敏便捷 稳定可靠	符合外观设计需求 符合实际操作需求

需综合考虑的因素

| 经济性 | 安装简单便携 | 装置稳固可靠 | 加工、使用难度低 |

可移动便携式错误接线培训盒的设计方案

评价：QC小组成员提出总体方案中采用头脑风暴法，经过小组讨论得出总体方案，并非根据借鉴的内容得出总体方案，借鉴的内容没有体现在总体方案中。

105

五、"制定对策""对策实施"展开分析

四、制定对策

对 策 实 施 表

序号	对策	目标	措施	完成时间	地点	负责人
1	直流测量电路设计与制作	(1) 极性测试准确率100%。(2) 电流误差小于0.1A	(1) 测量电路设计	3月10日	××	—
			(2) 测量电路组成元件选型采购	3月11日	××	—
			(3) 测量电路板制作	3月15日	××	—
			(4) 分目标检查	3月16日	××	—
2	2.4GHz射频遥控电路选型与制作	遥控控制成功率100%,遥控距离大于300m	(1) 遥控电路设计	3月20日	××	—
			(2) 遥控电路组成元件选型采购	3月23日	××	—
			(3) 遥控电路制作	3月25日	××	—
			(4) 分目标检查	3月26日	××	—
3	继电器触发方式选型与加装	继电器控制导通成功率达100%	(1) 继电器选型采购	4月5日	××	—
			(2) 继电器加装	4月8日	××	—
			(3) 分目标检查	4月10日	××	—
4	反馈型模块设计与制作	(1) 电路焊点连接可靠率100%。(2) 输出孔径误差小于±5%	(1) 反馈型模块设计	5月6日	××	—
			(2) 反馈型模块制作	5月8日	××	—
			(3) 分目标检查	5月12日	××	—
5	数显输出模块采购与安装	显示准确率达100%	(1) LED数码管选型采购	5月13日	××	—
			(2) LED数码管加装	5月15日	××	—
			(3) 分目标检查	5月20日	××	—
6	注塑成型封装方式制作	尺寸精度控制在±2%以内	(1) 封装模块设计与选型	6月2日	××	—
			(2) 封装模块协同制作	6月8日	××	—
			(3) 分目标检查	6月10日	××	—
7	电池模块选型与制作	(1) 输出电压精度小于±1%。(2) 电池安装黏合力大于200N	(1) 电池模块选型采购	6月12日	××	—
			(2) 电池模块加装	6月13日	××	—
			(3) 分目标检查	6月15日	××	—
8	仪器总体组装测试	极性测试准确率达到100%,负面影响为0	(1) 组装已完成制作的仪器各部分模块	7月3日	××	—
			(2) 完成专业机构校验及整体测试	7月5日	××	—
			(3) 装置进行负面评价	7月5日	××	—

第二节 创新型课题案例及解读——研制无线遥控式电流互感器极性测试仪

五、对策实施

（此处选择一个对策实施进行讲解，其他对策实施省略）

（八）对策实施八

对策实施八：仪器总体组装测试

	对策实施八：仪器总装组装测试				
实施日期	2021年7月3日—2021年7月15日	实施地点	××	实施人员	××
实施目标	极性测试准确率达到100%，负面影响为0				
措施一：组装已完成制作的仪器各部分模块	（1）小组成员依据设计图纸，完成各部分模块拼装，如下图所示：  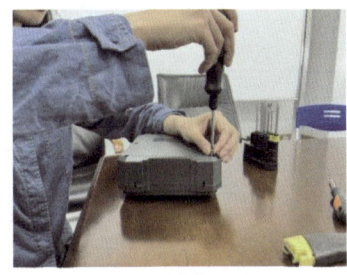 （2）完成装置仪器整体拼装，如下图所示：  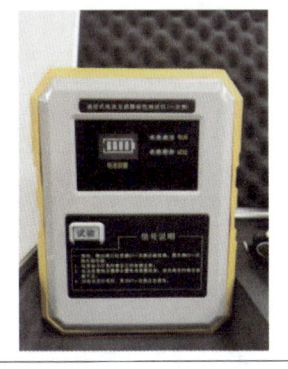				
措施二：完成专业机构校验及整体测试	（1）专业机构完成校验，出具校准证书。 （2）进行50组测试，每组测量10次，每组测试结果如下：  				

续表

措施二： 完成专业 机构校验 及整体 测试	<table><tr><th>组号</th><th>准确率</th></tr><tr><td>1</td><td>100%</td></tr><tr><td>2</td><td>100%</td></tr><tr><td>3</td><td>100%</td></tr><tr><td>…</td><td>…</td></tr><tr><td>48</td><td>100%</td></tr><tr><td>49</td><td>100%</td></tr><tr><td>50</td><td>100%</td></tr></table>		
措施三： 装置进行 负面评价	（1）小组出具专业机构检测报告，对装置功能进行全面评价，小组在安全、质量、管理方面进行负面评价。 <table><tr><th rowspan="2">项目</th><th colspan="3">负面评价</th></tr><tr><th>安全</th><th>质量</th><th>管理</th></tr><tr><td>评价</td><td>装置接线过程中无新增风险点，新增安全风险为0</td><td>经专业机构检测报告，装置外观、绝缘性能、电磁兼容均达标，测量准确率为100%，质量问题为0</td><td>新增管理节问题为0，极大提高作业效率</td></tr><tr><td>负面影响</td><td>0</td><td>0</td><td>0</td></tr></table>		
目标检查	经检查，极性测试准确率达到100%，负面影响为0，对策八目标达成		

【"制定对策""对策实施"解读】

（一）"制定对策""对策实施"要点解读

（1）对策表中的对策要具体可实施，目标可测量、可检查，措施可测量。

（2）对策表中对策与方案的具体实施要一一对应。

（3）对策实施中多用示意图表示，太专业评委看不懂，过程需简单明了。

（4）如果是研制产品，则对策表中对策的数量"N+1"项中的1是指"组装调试"，如果是工艺则1指的是"培训"。

第二节 创新型课题案例及解读——研制无线遥控式电流互感器极性测试仪

(二)"制定对策""对策实施"常见问题

(1) 对策实施目标不可测量,措施不具体,没有具体时间。
(2) 对策目标与分级方案选择依据、选择结果不一致(逻辑不一致)。
(3) 对策实施表与对策实施不一致,没有按照对策表逐条实施。
(4) 缺少 N+1 中的"1",把课题目标作为对策实施目标。

(三) 案例延伸

1. "制定对策""对策实施"拓展案例1:配电专业"研制一种适用于配电变压器母排型快速接地的接地线成套装置"

序号	对策 What	目标 Why	措施 How	完成时间 When	地点 Where	负责人 Who
1	采用黄铜料及多股软线	采购 2 块黄铜原材料、$1\times 4mm^2 + 3m$ 的 $25mm^2$、多股软铜接地线,尺寸符合要求	(1) 原材料采购	2023年6月1日	—	—
			(2) 分目标检查	2023年6月2日	—	—
2	采用304不锈钢材料	(1) 连接牢固灵活。 (2) 操作耐用性试验和抗腐蚀能力	(1) 设计连接构件模型	2023年6月3日	—	—
			(2) 制作连线夹端接构件模型	2023年6月4日	—	—
			(3) 分目标检查	2023年6月5日	—	—
3	采用A7075铝合金材料	(1) 连接牢固灵活。 (2) 操作耐用性试验和抗腐蚀能力	(1) 设计连接构件模型	2023年6月6日	—	—
			(2) 制作连线夹端接构件模型	2023年6月7日	—	—
			(3) 分目标检查	2023年6月8日	—	—
4	采用环氧树脂玻纤棒材料	(1) 连接牢固灵活。 (2) 操作耐用性试验和抗腐蚀能力	(1) 设计连接构件模型	2023年6月11日	—	—
			(2) 制作连线夹端接构件模型、主杆	2023年6月15日	—	—
			(3) 分目标检查	2023年6月19日	—	—

第三章 QC活动技能提升

续表

序号	对策 What	目标 Why	措施 How	完成时间 When	地点 Where	负责人 Who
5	采用防静电电木材料	（1）连接牢固灵活。 （2）操作耐用性试验和抗腐蚀能力	（1）设计连接构件模型	2023年6月11日	—	—
			（2）制作旋钮模型	2023年6月15日	—	—
			（3）分目标检查	2023年6月19日	—	—
6	采用旋钮式柱形螺纹调节固定	操作性强，省时省力；夹紧牢固	（1）设计并制作调节固定方式	2023年6月21日	—	—
			（2）分目标检查	2023年6月21日	—	—
7	组合安装	装设低压接地线操作流程整体减少至4min	（1）组装接电线成套装置	2023年6月30日	—	—
			（2）分目标检查	2023年6月30日	—	—

评价：上述案例中在制定对策过程中，对策目标未量化，导致在对策实施过程中只有简单过程的展示，无法检查对策目标完成情况，缺少数据。

2."制定对策""对策实施"拓展案例2：检修专业"研制搬运检修升降平台的新型工具"

对 策 表

序号	对策 What	目标 Why	措施 How	完成时间 When	地点 Where	负责人 Who
1	按照所选的最佳方案，设计新型搬运工具应用概图	设计新型搬运工具应用概图	（1）实际测量升降平台的规格尺寸，运输车辆的长宽高等参数	2022年6月30日	××	××
			（2）画出新型搬运工具应用的设计概图	2022年6月30日	××	××
2	按照所选择的最佳方案，进行拉力模块制作	（1）选择合适长度、型号的钢丝绳。 （2）钢丝绳能承受升降平台的重量。 （3）钢丝绳首端连接吊钩，能够钩到升降平台上的一个固定点	（1）选择合适参数的钢丝绳	2022年7月8日	××	××
			（2）制作吊钩	2022年7月8日	××	××

110

第二节 创新型课题案例及解读——研制无线遥控式电流互感器极性测试仪

续表

序号	对策 What	目标 Why	措施 How	完成时间 When	地点 Where	负责人 Who
3	按照所选择的最佳方案进行省力模块制作	（1）根据升降平台重量，进行力学原理分析，设计减速齿轮组。（2）根据机械原理设计齿轮个数、齿数、齿高、齿厚等齿轮具体参数。（3）要求齿轮啮合良好，传动顺畅。（4）减少人员配合，节省人工出力	（1）根据转速比和省力的要求，对齿轮组进行设计	2022年7月15日	××	××
			（2）根据齿轮组设计图制作出齿轮组	2022年7月15日	××	××
4	按照所选择的最佳方案进行固定模块设计	（1）角铁焊接在车辆内壁顶部。（2）螺接吊环通过螺丝固定在角铁上，能够承受钢丝绳横向拉力	（1）制作螺接吊环	2022年7月18日	××	××
			（2）在角铁上打螺孔，并将吊环螺接在角铁上	2022年7月18日	××	××
5	按照所选择的最佳方案进行转动模块设计	（1）在动力驱动下，钢丝绳能够卷绕且不储存绳索。（2）转动模块连接钢丝绳和减速齿轮组	根据转动模块设计制作绞盘	2022年7月26日	××	××
6	搬运工具试验	通过搬运升降平台，验证新型搬运工具的功能正常，搬运时间在10min内	通过搬运工具，对升降平台进行搬运试验	2022年7月27日	××	××

评价：制定对策过程中目标没有量化，导致对策实施的时候无法检查对策目标，另外对策制定过程汇总没有严格与方案分解一一对应，不满足"N+1"的原则。

六、"效果检查"展开分析

六、效果检查

（一）目标值检查

2021年8—10月，小组成员每两人一组在变电站对遥控式TA极性测试仪进行了效果检查，小组成员在不同变电站、针对多种电流互感器的50组测试应用结果见表。

111

第三章 QC活动技能提升

效 果 检 查 表

序号	变电站	TA类型	操作人员	操作时间/min
1	××	220kV SF$_6$ TA	—	3.2
2	××	10kV 干式 TA	—	2.9
3	××	500kV SF$_6$ TA	—	3.5
…	…	…	—	…
48	××	220kV SF$_6$ TA	—	3.2
49	××	220kV SF$_6$ TA	—	2.8
50	××	110kV 干式 TA	—	3.4
平均操作时间/min				3.3

结论：极性测试时间每组在 2.8~3.5min 之间，平均时间 3.3min/组，达到小组活动≤4min/组的目标。

（二）效益分析

1. 社会效益

（1）满足了作业效率需求：使用装置可在 3.3min 左右完成一组 TA 极性测试验收，极大提高作业效率，缩短停电时间。

（1）满足了设备安全需求：使用遥控式 TA 极性测试仪避免传统方法验收不准确造成 TA 极性错误，而影响设备运行安全。

（3）满足了人身安全需求：遥控式 TA 极性测试仪用遥控的方式取代传统人为短接蓄电池测试极性，有效避免人身触电伤害。

2. 经济效益

根据《2021年度××市人力资源市场工资指导价位》，××市电力行业从业者每小时薪资水平为 38.07 元。每组极性测试至少须 2 人完成，在活动周期内完成了已完成 2868 组 TA 极性测试，其中有 80% 外委给施工单位，装置成本 Y_1，则有效节约人工成本 Y 为

$$Y = 38.07 \times (T_1 - T_2) \times 2 \times 2868 \times 80\% - Y_1$$
$$= 38.07 \times (11.8 - 3.3) \div 60 \times 2 \times 2868 \times 80\% - 3850$$
$$\approx 20898(元)$$

第二节 创新型课题案例及解读——研制无线遥控式电流互感器极性测试仪

【"效果检查"解读】

(一) 效果检查要点解读

(1) 效果检查与目标值对比。

(2) 经济效益可有可无,实事求是,经济效益不能主观计算人力成本,人力成本需要提供人资部门盖章核算证明文件。

(二) 效果检查常见问题

(1) 没有评价创新成果的推广价值。

(2) 标准化内容不具体。

(3) 将成果的推广应用、获得奖励、获得专利等作为标准化内容。

七、"标准化"展开分析

七、标准化

(一) 推广应用价值评价

本成果结合生产现场实际,通过借鉴"无线控制"这一传输控制技术以及"测温枪"这一日常用输出显示方式,实现远程测量TA极性,极大地提高了测量效率。该装置得到了外单位的支持和认可,××公司出具了该测试仪的《推广价值评估报告》。

(二) 标准化

标 准 化 情 况

序号	标准化	图 片	名 称	文件编号
1	资料归档	极性测试仪发明专利情况　极性测试仪设计图纸	专利、外观设计图纸、电路设计图等	××

113

续表

序号	标准化	图 片	名 称	文件编号
2	维护标准化		无线遥控式电流互感器极性测试仪使用说明	××
			测试设备检查维护记录表	××
3	作业标准化		无线遥控式电流互感器极性测试仪作业指导书	××

【"标准化"解读】

(一)标准化要点解读

(1)首先对推广应用价值进行评价,然后才形成标准化。

(2)标准化要具体到很细的某一点内容,固化到指导书,标准中。

(3)专利、获奖、推广应用不能作为标准化唯一内容(不建议呈现)。

(二)标准化常见问题

(1)首先对推广应用价值进行评价,然后才形成标准化。

(2)标准化要具体到很细的某一点内容,固化到指导书和标准中。

(3)专利、获奖、推广应用不能作为标准化唯一内容(部分评委老师不建议呈现)。

(4)推广应用价值分析以及推广情况描述不详细(推广照片、相关方描述)。

第二节　创新型课题案例及解读——研制无线遥控式电流互感器极性测试仪

八、"总结和下一步打算"展开分析

八、总结和下一步打算

（一）创新总结

通过研制无线遥控式 TA 极性测试仪解决了人工通过电话沟通短接电源方式效率低问题，让整个极性测试过程快速高效，极大缩短了作业时间。通过应用采样保持技术，取代传统指针瞬间偏转来判断极性，使输出结果保持，更加直观，从而解决了无法快速记录极性的问题。

（二）推广应用情况

该装置经过新产品鉴定，广东省机械行业协会认定该装置能够减少作业耗时，具有较大应用推广价值，为该测试仪出具了新产品新技术鉴定验收证书。

（三）小组总结

小 组 总 结

本次课收获		本次 QC 活动，整个活动过程由之前的一知半解到后来的茅塞顿开，成员实现由开始的自我怀疑或否定，通过不断学习和实践，逐步转化为自我肯定、自我认可的一个过程
专业技术提升	优点	小组成员熟练掌握模具加工、电路制作、焊接等技能
	缺点	跨专业知识了解不够全面，在一定程度上限制了研制思路的拓展，拓展思路
	努力方向	拓展思路，主动了解各类专业知识并加以利用，以使研发的装置更加完善
管理技术提升	优点	小组成员应用 QC 逻辑思维，并且用 QC 工具应用到管理工作中
	缺点	PDCA 中的 P 阶段策划方面不够细致、完善，在统计各种数据的基础上未充分运用各类工具进行分析
	努力方向	今后工作中加强各类项目、活动整体筹划和把控方面的能力
人员素质提升	—	会了高效的统筹与协调，有效提升管理能力水平
	—	推动成果多领域应用，持续提高小组活动能力
	—	P 阶段从现场实际工作的需要来确定课题，改变了过去以问题的提出来确定课题的思维方式
	—	学会应用数学模型分析问题症结所在，在未来要进一步深化逻辑思维并应用到实际生产生活中
	—	在今后工作中加强标准执行情况和跟踪检查
	—	学会了系统思维，未来针对性加强数据分析能力
	—	掌握 QC 活动原则，未来会思考日常工作中的困难点，去创新创造
	—	学会了 PDCA 思维，将进一步持续改进提升效率
	—	强化了数据分析能力，将多角度学习统计方法应用
	—	将逻辑思维运用到实际工作中，今后将进一步熟练应用

（四）下一步打算

小组成员在对绝缘监测仪进行验收发现作业中逐路用电阻模拟支路接地检测、判断正确占了总耗时的95.05%，耗费了大量的时间。因此，下次QC活动，小组成员将继续发扬科技创新的精神，将下一步的研究课题定为："缩短直流系统绝缘监测装置定检时长"。

【"总结和下一步打算"解读】

总结和下一步打算常见问题如下：

（1）小组自我评价采用雷达图，缺乏打分依据，较为主观。

（2）总结小组活动泛泛而谈，没有对活动全过程进行总结。

（3）没有总结小组活动的创新特色与不足。

（4）没有提出下一步活动的新课题、新的创新。

第三节　QC常用工具介绍

一、简易图表

（一）折线图

【概念及用途】

排列在表格中的行和列中的数据，如果是用来表达这些数据随时间（根据设定好的时间间隔）的推移而变动的情况，则适合用折线图进行表示。例如，在电力行业中，运行屏柜内的温度变化、工器具室的湿度变化、电力负荷高峰期时的电流电压变化等，采用折线图来表达就非常直观，有利于从折线上对相关数据进行比对分析。

【正确案例】

案例1：某小组成员在一天24h之内对运行中的开关柜温度进行测试，统计每小时的温度变化情况，如图所示：

第三节　QC常用工具介绍

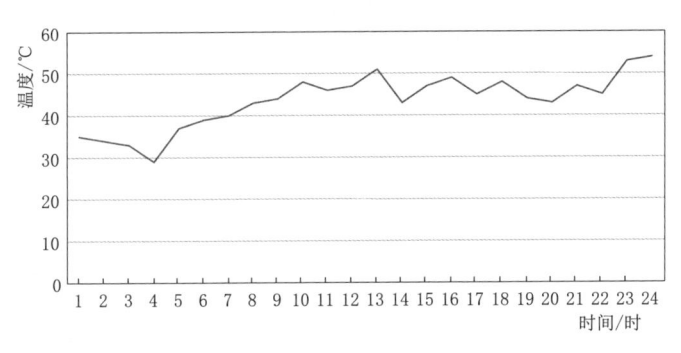

温度随时间变化的折线图

【错误案例】

案例1：某小组成员抽查7个供电所的日验收工程量与配备的验收工具量，核准验收工具是否能满足供电所当天有最大验收工程时的验收工具需求，如图所示：

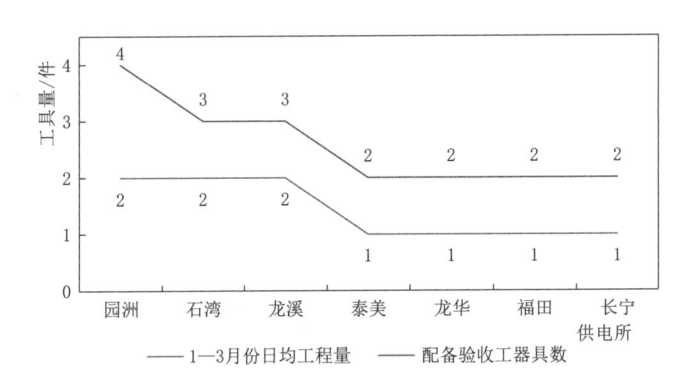

验收工具统计折线图

错误点：

（1）横坐标需以时间为单位，以供电所名称为横坐标是错误的。

（2）图例说明没有标明单位。

案例2：某小组成员统计了各个供电所的遥控次数、开关遥控成功率等数据，绘制了供电所的遥控成功率折线图进行比较。

各供电所自动化开关遥控台账

供电所	遥控次数	遥控失败次数	遥控成功次数	遥控成功率	自动化设备	通信	主站
××	269	6	263	97.77%	5	1	0
××	541	28	513	94.82%	16	11	1
××	268	14	254	94.78%	9	5	0
××	261	4	257	98.47%	3	1	0
××	110	8	102	92.73%	6	2	0
××	115	3	112	97.39%	2	1	0
××	72	6	66	91.67%	4	2	0
××	76	4	72	94.74%	2	2	0
××	60	0	60	100.00%	0	0	0
综合	1772	73	1699	95.88%	47	25	1

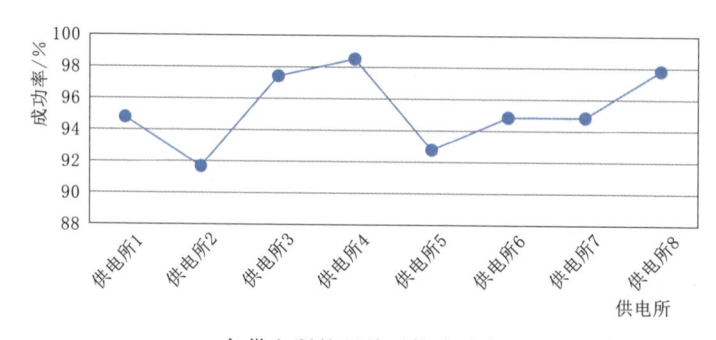

各供电所的开关遥控成功率

错误点：

（1）横坐标需以时间为单位，以供电所单位名称为横坐标错误。

（2）表格数据较多，但利用折线图只分析一组变量，令人看不出图表的重点。

（二）柱状图

【概念及用途】

柱状图主要运用在只存在一个变量的数据分析中，通常主要用于较小的数据集分析，通常用长方条的高低来代表数据的大小，对数据进行对比后再进一步分析。在电力行业中，可以用来对变电专业电流电压波动的合格率、继保专业对电力元器件遥控的成功率、配电专业电力施工过程中的材料消耗、物流专业运输过程中的成本等进行比对分析。

第三节 QC常用工具介绍

【正确案例】

某小组根据传动效率通过实时测量输入端旋转部件最外端力的大小，以及输出端旋转部件最外端力的大小，结合输入输出端传动比，进而求得传动装置传动效率，小组夹持不同线径的电缆的，利用柱状图进行4组传动精度试验。

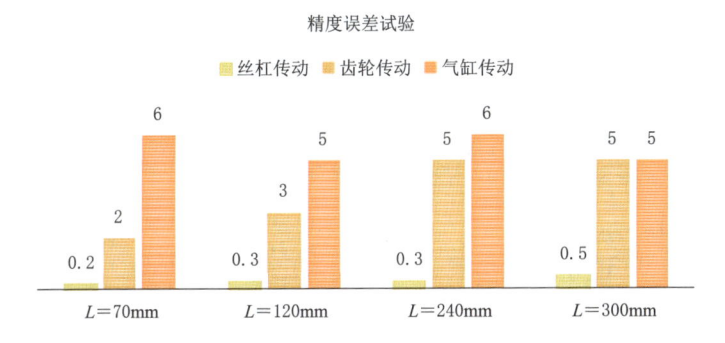

精度误差试验

丝杠传动　齿轮传动　气缸传动

进给长度	丝杠平均精度	齿轮平均精度	气缸平均精度
70mm	0.2mm	2mm	6mm
120mm	0.3mm	3mm	5mm
240mm	0.3mm	5mm	6mm
300mm	0.5mm	5mm	5mm

【错误案例】

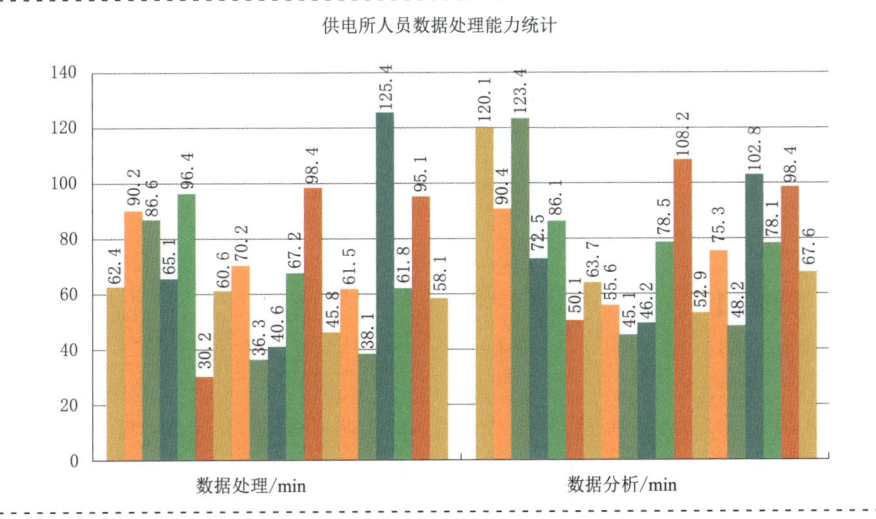

供电所人员数据处理能力统计

119

第三章　QC活动技能提升

错误点：

（1）数据内容标注不清晰，过于繁杂累赘。

（2）过多颜色搭配让人难以抓住重要信息，图表应该简洁明了。

（三）饼分图

【概念及用途】

一般情况下，如果各部分之间的占比差异不大，建议更换成柱状图更直观。不过有一种情况下例外，就是反映某个部分占总体的比重，比如装设安全围栏占整个布置安全措施时间的占比。绘制饼分图时应注意要从 12 点钟方向顺时针并按照从大到小的占比进行饼分图的绘制。

【正确案例】

某小组统计变电站停电鸟巢拆除位置占比情况，绘制了如下饼分图。

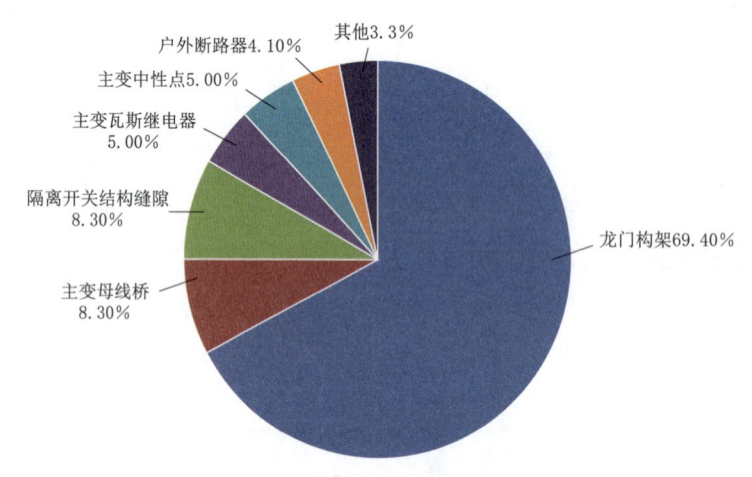

户外断路器 4.10%
其他 3.3%
主变中性点 5.00%
主变瓦斯继电器 5.00%
隔离开关结构缝隙 8.30%
主变母线桥 8.30%
龙门构架 69.40%

变电站停电鸟巢拆除位置占比情况

【错误案例】

1. 案例 1

某小组成员对系统功能进行功能测试调查，进行了 30 次测试，未发现异常情况，根据 30 次测试情况绘制了以下饼分图。

第三节 QC常用工具介绍

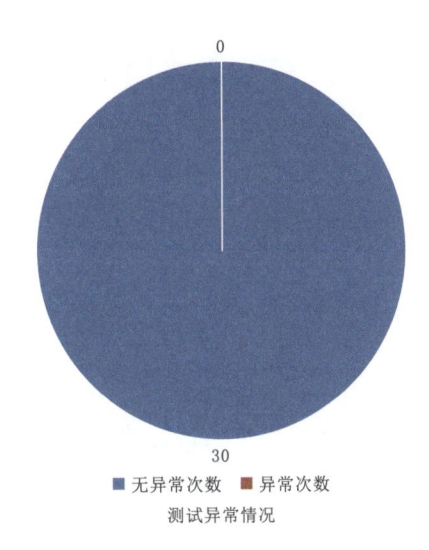

测试异常情况

■ 无异常次数　■ 异常次数

错误点：只有两个数据，分别为0%和100%，不适合用饼分图。

2. 案例2

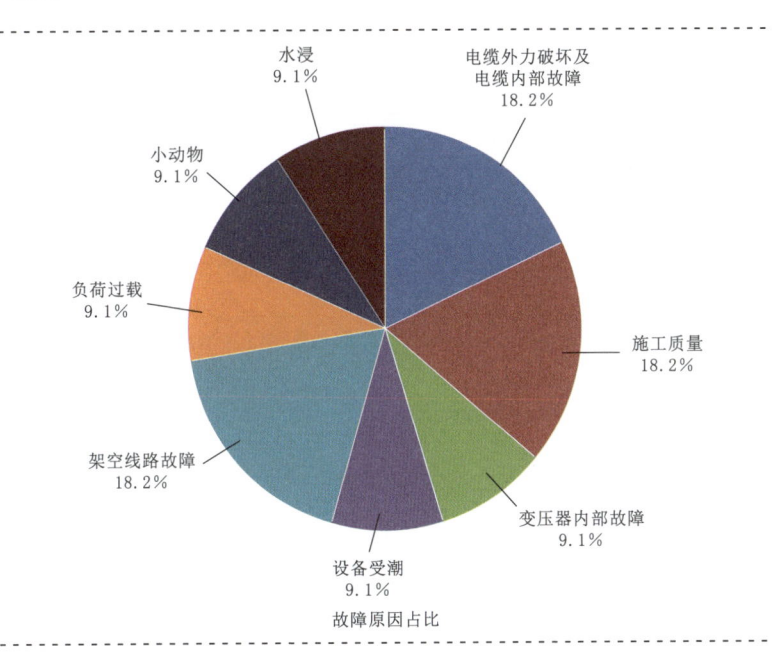

故障原因占比

水浸 9.1%
电缆外力破坏及电缆内部故障 18.2%
小动物 9.1%
施工质量 18.2%
负荷过载 9.1%
变压器内部故障 9.1%
架空线路故障 18.2%
设备受潮 9.1%

错误点：

（1）没有从12点开始，按照由大到小的顺序排列。

（2）各部分之间的占比差异不大，建议更换成柱状图更直观。

121

（四）甘特图

【概念及用途】

用于指定计划和实际工作进度的一种简单图表，QC 活动中被广泛应用，常放在选择课题的最后部分，代表整个 QC 项目活动的工作情况。

【正确案例】

阶段	时间\项目	2022年											
		1月	2月	3月	4月	5月	6月	7月	8月	9月	10月	11月	12月
P	选择课题												
P	设定目标及可行性分析												
P	提出方案并确定最佳方案												
P	制定对策												
D	对策实施												
C	效果检查												
A	标准化												
A	总结和下一步打算												

说明：计划进度：┅┅▶ 实际进度：──▶

【错误案例】

阶段	时间\项目	2022年							2023年			
		6月	7月	8月	9月	10月	11月	12月	1月	2月	3月	4月
P	选题理由											
P	现状调查											
P	确定目标											
P	原因分析											
P	要因论证											
P	制定对策											
D	实施对策											
C	效果验证											
A	巩固措施											
A	今后打算											

说明：计划进度：┅┅▶ 实施进度：──▶

错误点：画法错误，每两个阶段项目时间推进首尾没有连接，时间上出现断层。

二、分层法

【概念及用途】

在电力行业中，针对某一项工作收集的数据多种多样，这些数据往往具有复杂性和多样性，难以直接从中提取出有价值的信息。通过分层图的应用，可以将这些数据按照特定的标准进行分类和整理，从而更清晰地揭示数据背后的规律和趋势。

【正确案例】

小组成员抽检了550项电缆工程，抽检结果显示一次验收不合格工程数达258项，一次验收合格率仅为53.09%，见表。

2021年6—10月电缆工程一次验收合格率抽检结果表

月份	抽检工程数	一次验收合格数	一次验收不合格数	一次验收合格率
6	158	84	74	53.16%
7	149	77	72	51.68%
8	128	71	57	55.47%
9	115	60	55	52.17%
10	550	292	258	53.09%

论证一：小组成员对抽检不合格的258项电缆施工工程按电缆验收流程节点进行分层调查，调查结果见表。

按电缆验收环节分层调查统计表

验收环节	不合格数	累积不合格数	不合格数占比	累积不合格数占比
电缆现场验收	238	238	92.25%	92.25%
查找验收要点	8	246	3.10%	95.35%
选择验收标准文件	7	253	2.71%	98.06%
记录验收缺陷	5	258	1.94%	100%

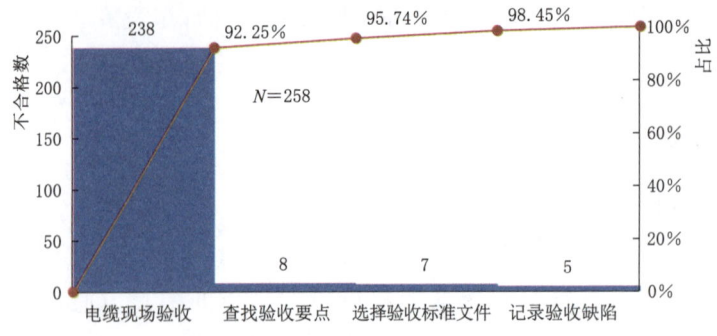

第三章　QC活动技能提升

按电缆验收环节分层调查排列图

结论：根据排列图可知，电缆现场验收不合格数为238项，占比最高，达92.25%，是主要问题，为此小组进行进一步调查。

论证二：小组成员进一步对238项电缆现场验收不合格工程按具体工序进行分层调查，调查结果如表和图所示。

按具体工序分层调查统计表

序号	具体工序	不合格数	累积不合格数	不合格数占比	累积不合格数占比
1	电缆头制作	207	207	86.97%	86.97%
2	电缆保护管安装	11	218	4.62%	91.60%
3	电缆支、托架安装	10	228	4.20%	95.80%
4	电缆桥架安装	5	233	2.10%	97.90%
5	其他	5	238	2.10%	100.00%

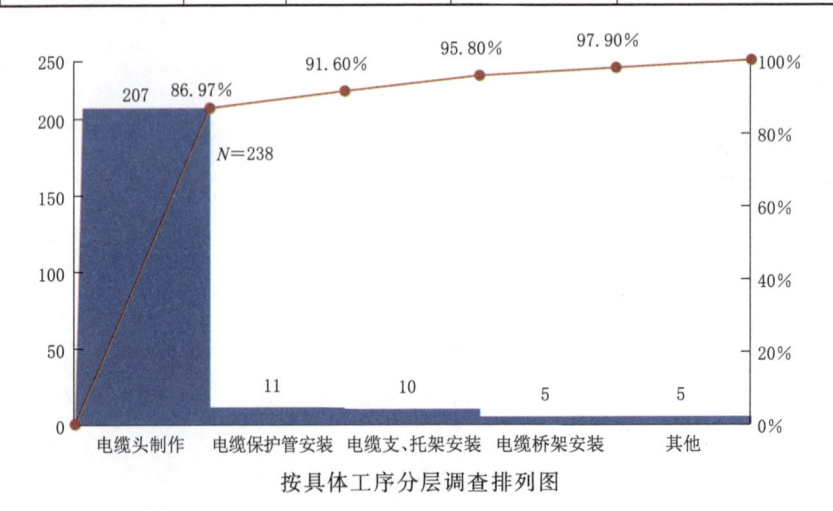

按具体工序分层调查排列图

结论：根据排列图可知，电缆头制作不合格数为207项，占比最高，达86.97%，是本课题的症结所在。

三、调查表

【概念及用途】

调查表能迅速收集到反映客观实际的数据，不用复杂的统计计算就能掌握分布状态、存在问题或解决对策。例如，当我们分析产品不良项目时，需要制作不良项目的排列图；要了解零件尺寸的分布与规格的关系时，又需要制作频数直方图。无论制作哪种图都需要收集数据。而在匆忙的现场，采集数据很麻烦；而且收集到的数据如果没有及时整理，又会丧失采取对策的机会。所以，调查表就是为了简便采集数据流程和迅速整理数据而预先设计好的一种图表。应用时，只需按表填写即可获得所需的信息，表格名称多为×××调查表、×××统计表等。

【正确案例】

某小组针对配网常用 4 种型号电缆共抽取 80 组生产项目，对电缆头制作现场并进行旁站监督对不同型号外半导电层剥离处理过程进行记录和效果分析，做出效果统计表，从表中数据发现电缆半导电层剥切验收合格率仅为 85%，无法满足生产需求，因此提出了课题目标为提高电缆半导电层剥离合格率至 100%。

电缆外半导电层切割效果统计

序号	电缆型号	项目单位	留痕深度/mm	主绝缘破损情况	合格率	外半导电层剥离平均合格率
1	70mm^2	××	−0.2	有	0%	
2	70mm^2	××	0.9	无	100%	
...	...	...	...	...	...	
20	70mm^2	××	1	无	100%	
21	120mm^2	××	−0.1	有	0%	
22	120mm^2	××	−0.6	有	0%	
...	...	...	...	...	...	85%
40	120mm^2	××	0.3	无	100%	
41	240mm^2	××	0.5	无	100%	
42	240mm^2	××	−0.3	有	0%	
...	...	...	...	...	100%	
60	240mm^2	××	0.5	无	100%	
61	300mm^2	××	0.6	无	100%	
62	300mm^2	××	−0.5	有	0%	
...	...	...	...	...	...	
80	300mm^2	××	0.7	无	100%	

第三章　QC活动技能提升

【错误案例】

某小组为达到部门要求的10kV电缆线路一次验收合格率大于80%，抽查了××供电局各单位2021年7—10月共550项电缆工程验收工作中的一次验收合格率，具有如下：

供电所	抽查工程数量	一次验收合格工程数量	一次验收合格率	供电所	抽查工程数量	一次验收合格工程数量	一次验收合格率
××	71	23	32.39%	××	29	16	55.17%
××	40	30	75.00%	××	27	15	55.56%
××	15	10	66.67%	××	15	9	59.99%
××	29	13	44.83%	××	19	14	71.58%
××	56	21	37.50%	××	13	8	61.53%
××	62	25	40.32%	××	16	11	68.76%
××	42	21	49.96%	××	11	7	63.64%
××	43	32	74.42%	××	21	12	57.15%
××	41	25	60.98%	总计	550	292	53.09%

错误点：

(1) 正确的调查表要覆盖序号、平均值、累计值等元素。

(2) 表中收集的试验数据过少。

四、排列图

【概念及用途】

排列图是表示某项目按重要顺序从最重要到次要排列的一种图表，图表中采用柱状图和折线图结合的方式反映项目变量对该项目的影响关系。排列图由两个纵坐标、一个横坐标、若干个直方图形和一条曲线组成。其中左边的纵坐标表示频数，右边的纵坐标表示频率，横坐标表示影响质量的各种因素。若干个直方图形分别表示质量影响因素的项目，直方图形的高度则表示影响因素的大小程度，按大小顺序由左向右排列，曲线表示各影响因素大小的累计百分数。这条曲线被称为帕累特曲线。

【正确案例】

为进一步确认"系统数据提取分析时间长"这一症结的具体改善情况，某小组对不同客户经理对不同电量异常类诉求处理情况进行统计，具体结果见下表：

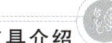

第三节 QC常用工具介绍

客户经理对不同电量异常类诉求处理情况表

工单序号	客户经理	症结操作时长/min	客户经理联系及数据准备时长/min	诉求平均准备时长/min
工单 1	××	10	17	44
工单 2	××	8	15	42
工单 3	××	8	15	42
工单 4	××	9	16	43
工单 5	××	8	15	42
工单 6	××	6	13	40
工单 7	××	7	14	41
工单 8	××	11	18	45
工单 9	××	6	13	40
工单 10	××	7	14	41
工单 11	××	6	13	40
工单 12	××	7	17	44
工单 13	××	9	16	43
工单 14	××	9	16	43
工单 15	××	8	15	42
工单 16	××	7	14	41
工单 17	××	10	17	44
工单 18	××	7	14	41
工单 19	××	8	15	42
工单 20	××	6	13	40
平均	—	8	15	42

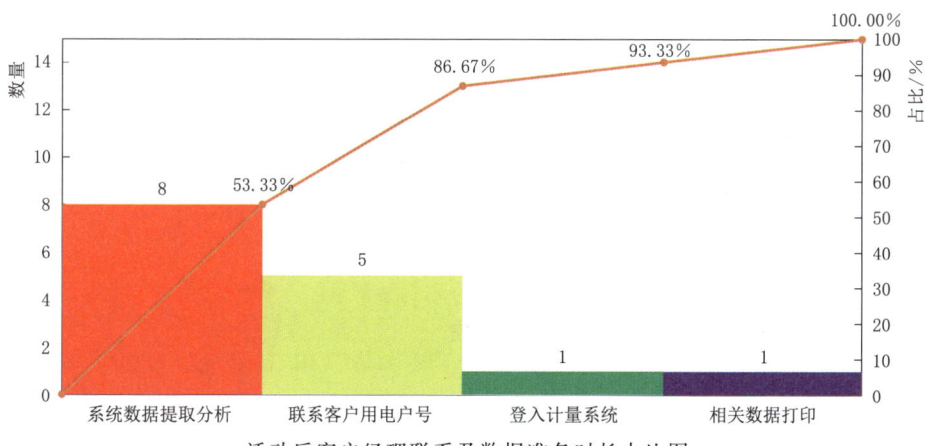

活动后客户经理联系及数据准备时长占比图

第三章　QC活动技能提升

结论：根据以上统计分析可得，虽然客户经理联系及数据准备环节在诉求准备阶段的占比依然比较大，但进一步分解中的症结系统数据提取分析环节在诉求准备阶段的占比已有明显改善，由原本的83.00%下降至53.33%，症结情况有了明显改善，有效缩短了电量异常类诉求处理的平均准备时长。

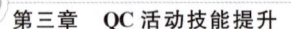

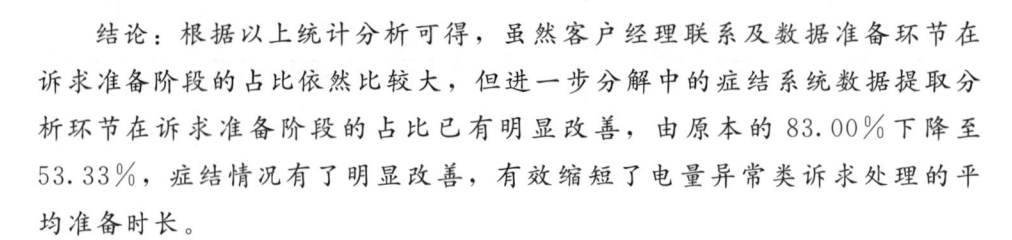

【错误案例】

1. 案例1

现场自动化开关设备厂家因每年招标要求不一所以现场设备情况多种多样，某小组成员通过调查得知，多数班员在日常巡视过程中按照原有的作业指导书难以一一对应现场设备，新增了七步法巡视指引后对七步法提及设备的缺陷发现率有所提升，巡视效果仍有提升空间，对上半年发现的自动化开关设备缺陷进行统计见下表：

运维指引	时间	设备巡视量	缺陷发现数	缺陷发现率
作业指导书	2022年7月—2022年12月	1890	13	0.69%
"七步法"	2023年1月—2023年6月	1926	48	2.49%

绘制运维指引与缺陷发现情况的簇状图与折线图，设X轴为运维指引情况，设Y轴为缺陷发现情况，绘制图如下：

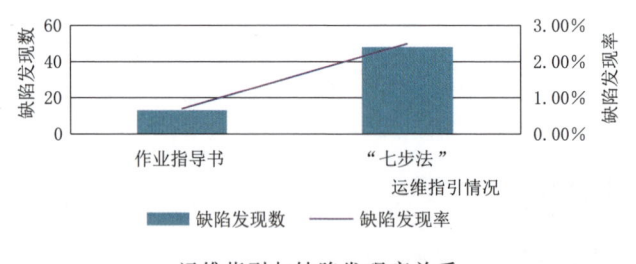

运维指引与缺陷发现率关系

由图可知，运维指引的详尽程度对于运维人员日常巡视能否及时发现缺陷影响极大，与员工技能掌握情况有强相关性。综上所述，运维指引详尽程度对主要症结的影响程度极大。

错误点：

（1）画法错误，画线没顶格到斜对角线。

（2）项目量不够，一般多于3项，2项数据较少。

（3）标注的数据无单位。

（4）柱状之间留有空隙。

2. 案例2

某小组在对策实施后，对2023年8—10月12个充电桩报装差错原因进行统计，制作了如下排列图：

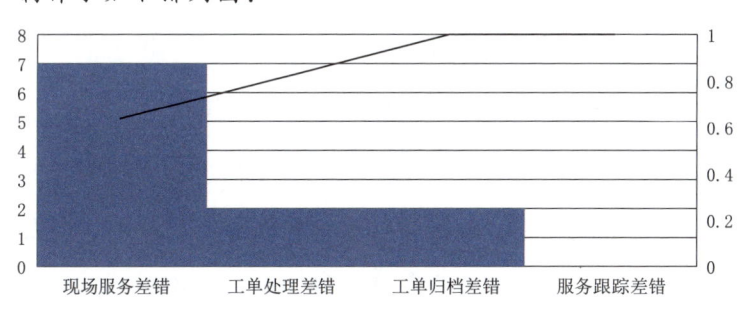

错误点：

（1）图中问题数据不清晰，格式不正确。

（2）纵坐标没有百分比，没有标明相关的数据。

（3）频数不够（50以上），数据量不够。

五、因果图

【概念及用途】

因果图是一种对已知结果不断分析，找到各潜在因素的关系的一种图表。在电力行业中，可分析降低配网操作票审核时间的潜在因素、降低供电服务热线客户呼叫率的潜在因素等。因果图主要用于问题解决型课题中。其中，原因之间不能有关联，分析层级尽量不超过4层。

【错误案例】

某小组在原因分析中针对确立的目标，从5M1E（人、机、材料、测量、方法、环境）各方面因素考虑引起配电负载率统计偏低的原因，绘制出鱼骨图，并从中寻找末端因素。

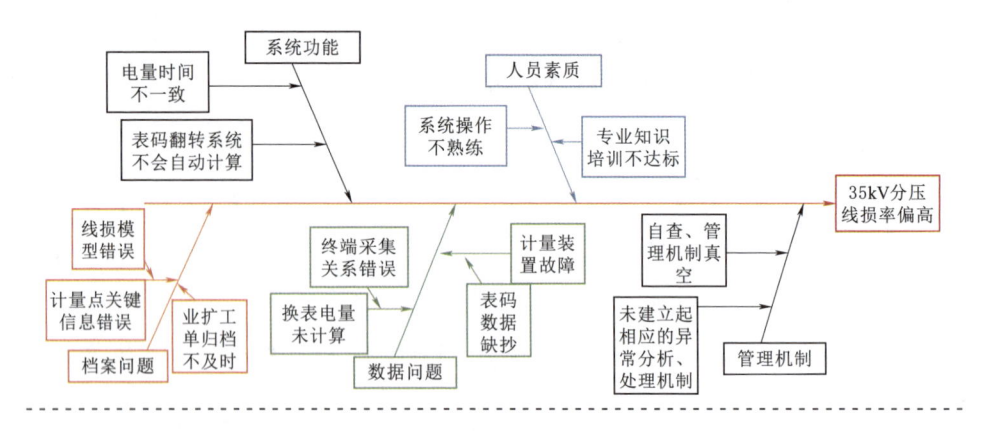

第三章　QC活动技能提升

[鱼骨图：影响35kV分压线损率偏高的原因分析]

分支因素包括：
- 系统功能：电量时间不一致、表码翻转系统不会自动计算
- 人员素质：系统操作不熟练、专业知识培训不达标
- 线损模型错误、计量点关键信息错误、档案问题、业扩工单归档不及时
- 终端采集关系错误、换表电量未计算、计量装置故障、表码数据缺抄、数据问题
- 自查、管理机制真空、未建立起相应的异常分析、处理机制、管理机制

错误点：

（1）出现两条原因合成一个原因，分析不清晰。

（2）未分析到可直接采取对策的末端因素。

【错误案例】

某小组通过现状调查和目标可行性论证，从人员、技能、制度、管理和方法五个方面对可能影响"配网数据质量合格率"的原因进行深入剖析，找到四个末端原因：运维专业技能不足、制度宣贯不到位、监管考核机制不足和设备台账收集方法工具。

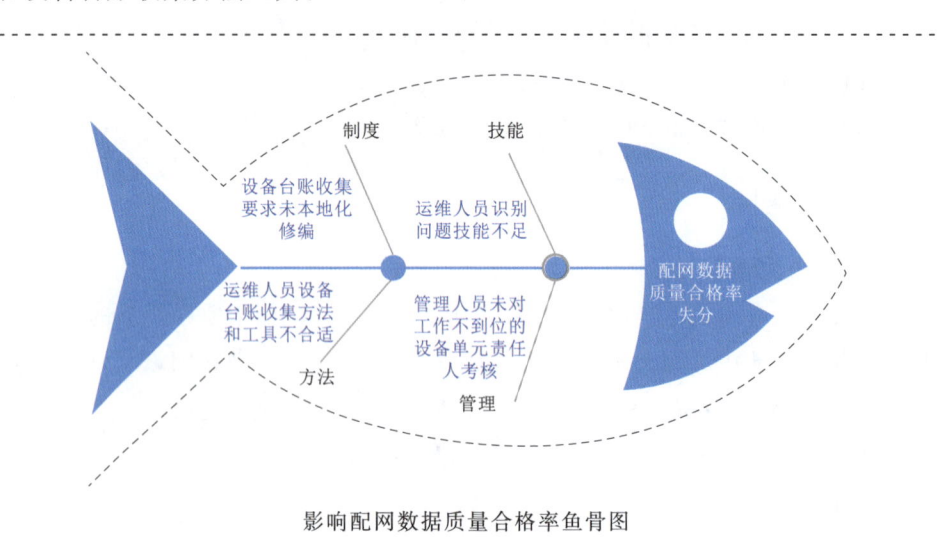

[鱼骨图：影响配网数据质量合格率]

- 制度：设备台账收集要求未本地化修编
- 技能：运维人员识别问题技能不足
- 方法：运维人员设备台账收集方法和工具不合适
- 管理：管理人员未对工作不到位的设备单元责任人考核
- 结果：配网数据质量合格率失分

影响配网数据质量合格率鱼骨图

错误点：

（1）分析过于简单，分析层数太少。

（2）出现两条原因合成一个原因。

（3）没有分析到末端。

六、树图

【概念及用途】

树图能将事物或现象分解成树枝状，故又称系统图。系统图就是把要实现的目的与需要采取的措施或手段，系统地展开，并绘制成图，以明确问题的重点，寻找最佳的手段或措施。树图常用于问题解决型课题的原因分析中。

【正确案例】

某小组针对症结，利用头脑风暴法，从"人、机、法、环"4大方面针对"变电站龙门构架处鸟巢隐患数量多"的问题进行了讨论，结果如下图：

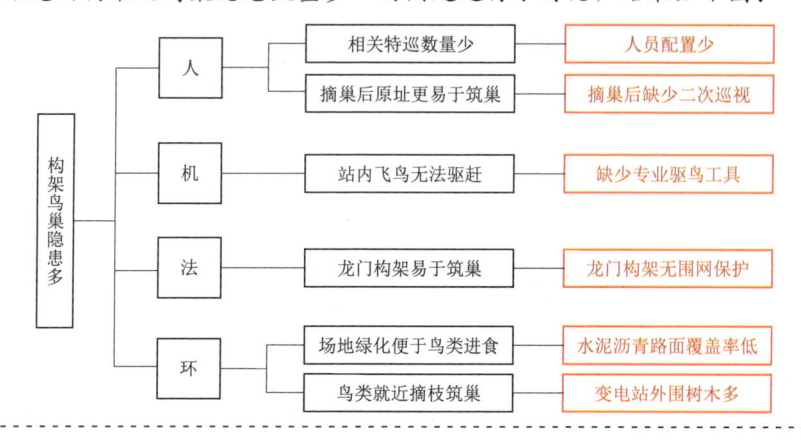

```
                  ┌─ 相关特巡数量少 ─── 人员配置少
            ┌─ 人 ┤
            │     └─ 摘巢后原址更易于筑巢 ─── 摘巢后缺少二次巡视
            │
            ├─ 机 ─── 站内飞鸟无法驱赶 ─── 缺少专业驱鸟工具
构架鸟巢隐患多┤
            ├─ 法 ─── 龙门构架易于筑巢 ─── 龙门构架无围网保护
            │
            │     ┌─ 场地绿化便于鸟类进食 ─── 水泥沥青路面覆盖率低
            └─ 环 ┤
                  └─ 鸟类就近摘枝筑巢 ─── 变电站外围树木多
```

【错误案例】

接下来，我们按要因确认计划对6个末端因素进行一一确认，找到了四个要因。

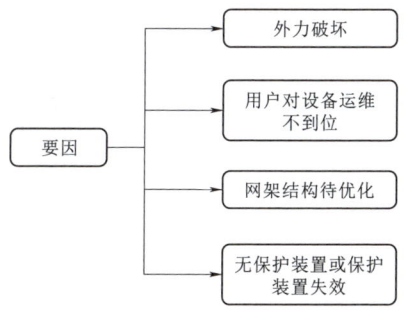

```
          ┌─ 外力破坏
          │
          ├─ 用户对设备运维不到位
要因 ─────┤
          ├─ 网架结构待优化
          │
          └─ 无保护装置或保护装置失效
```

错误点：

（1）树图里面出现箭头符号。

（2）树图的最左侧应该填写原因分析的对象：如设备频繁故障。

七、关联图

【概念及用途】

关联图主要用于分析复杂因素相互纠缠的问题，理清各因素之间的因果关系，从而找出主要因素和项目，为问题的解决提供有力支持。电力行业中常用于问题解决型课题中的设备故障、质量缺陷以及安全事故分析等。

【错误案例】

某小组在原因分析中通过现状调查，对可能影响"工单处理差错"的原因开展头脑风暴并进行深入剖析，找到5个末端原因：培训不足、缺乏精准控时的方法、缺乏工单填写的指引、未能精简流程、资料设置复杂，如下图所示：

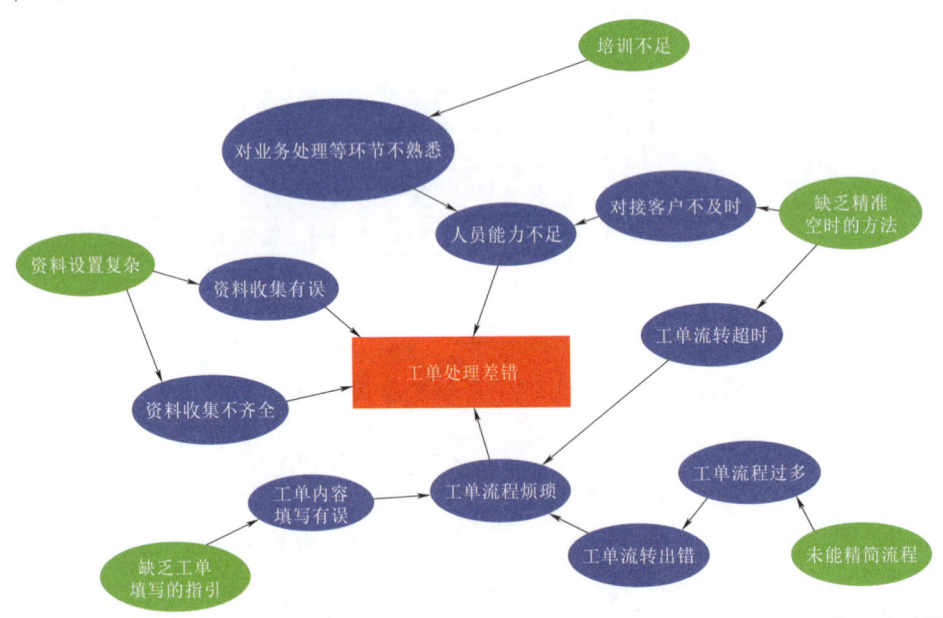

错误点：

（1）没有分析到末端。

（2）"工单流程烦琐"与"资料设置复杂"属于包含关系。

八、散布图

【概念及用途】

散布图是表示两组变量之间关系的图示,在质量问题的原因分析中,常会接触到各个质量因素之间的关系。这些变量之间的关系往往不能进行解析描述,不能由一个(或几个)变量的数值精确地求出另一个变量的值,被称为非确定性关系(或相关关系)。散布图就是将两个非确定性关系变量的数据对应列出,标记在坐标图上,来观察它们之间的关系的图表。在电力行业中,可分析电力需求分析与电价之间的关系、未来电网电荷负荷与供电量的关系等。

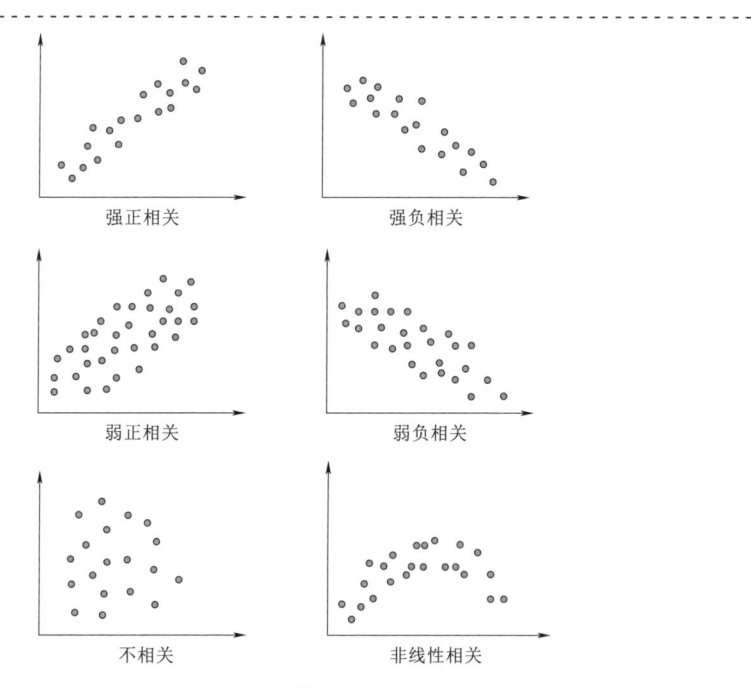

散点图—因素之间的相关性分析

【错误案例】

1. 案例 1

在分析影响程度判断时,某小组成员进一步调查在达标的网络速度下,同一位客户经理开展症结处理操作所需时长与网络速度间的关系,具体见下表:

第三章　QC活动技能提升

网络速度与症结处理时长情况对照表

序号	网络速度/(MByte/s)	症结处理时长/min
1	22	33
2	20	35
3	20	34
4	18	33
5	17	35
6	16	34
7	15	32
8	15	34
9	13	34
10	10	35

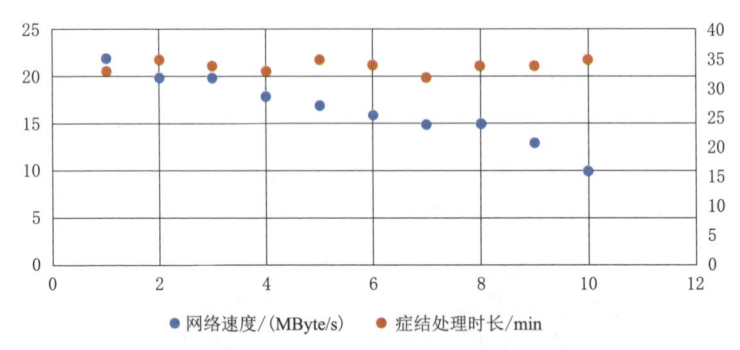

网络速度与症结处理情况关系散点图

电网办公区域除特殊检修时段外具备相对稳定的网络运行环境；此外，在不同的网络速度下，系统数据提取分析时长也呈现弱相关性。因此，网络速度不达标对症结"系统数据提取分析时间长"没有明显影响。

错误点：

（1）散布图的数据不得少于30对。

（2）应只有一对横、纵坐标（X，Y），图表中出现两个纵坐标是错误的。

（3）横、纵坐标代表变量名称未在图中体现。

2. 案例二

某小组研究培训时长与考试的关系：小组对××供电所开展为期一个月、每天集中的自动化开关运维培训，在每天培训结束后开展考试，对开关

设置五个缺陷点,记录员工在 30min 内的缺陷发现个数,缺陷发现率如下:

培训期间缺陷开关发现缺陷个数清单

发现个数	1	2	3	4	5	6	7	8	9	10	11	12	13	14	15	16	17	18	19	20	21	22	23	24	25	26	27	28	29	30
组1	1	1	1	1	1	1	1	2	2	2	2	2	3	3	3	3	2	3	4	4	3	4	4	4	5	5	4	5	5	5
组2	0	1	2	2	2	2	3	3	3	3	3	4	4	4	4	4	4	4	4	4	4	5	5	5	5	5	5	5	5	5
组3	0	1	2	2	2	2	3	3	3	4	3	3	3	4	3	3	3	4	4	4	4	4	4	5	5	5	5	5	5	5
组4	0	1	1	1	1	1	2	3	2	3	3	3	4	3	3	3	3	3	4	4	3	5	3	5	5	5	5	5	5	5
组5	1	1	1	1	1	1	2	2	2	2	2	3	3	3	3	3	4	3	3	4	4	4	4	5	5	5	5	5	5	5

绘制培训时长与缺陷发现率散布图,设 X 轴为培训累计时长,Y 轴为小组成员自动化开关缺陷发现率,绘制图如下:

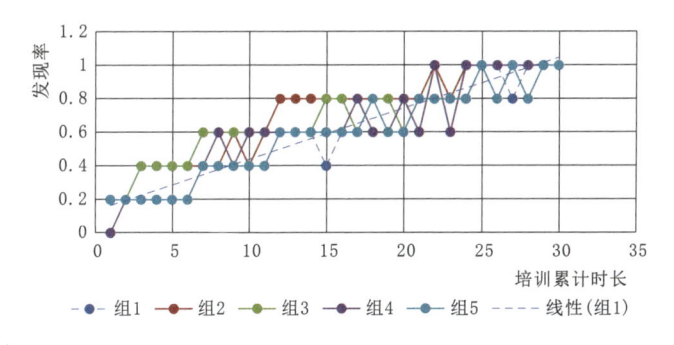

不同缺陷时长与缺陷法相率的相关性

培训时长与缺陷发现率存在强相关关系,培训不足对员工技能掌握情况影响大,综上所述,培训不足对主要症结的影响程度极大。

错误点:

(1) 画法错误,数据点子不应用线连接,虚线指代线性相关,不应画于图中。

(2) 两轴长度应大概相等,里面不应出现表格底纹。

参 考 文 献

[1] 中国质量协会. 质量管理小组活动准则：T/CAD 10201—2020 [S]. 北京：中国标准出版社，2020.
[2] 中国质量协会. QC 小组基础教材 [M]. 北京：中国社会出版社，2022.
[3] 中国质量协会.《质量管理小组活动准则》要点解读 [M]. 北京：中国质检出版社，中国标准出版社，2020.
[4] 中国质量协会. QC 小组活动指南 [M]. 北京：中国社会出版社，2003.
[5] 中国质量协会. 质量管理小组基础知识 [M]. 北京：中国计量出版社，2011.